KB209264

# 통通성경 길라잡이 워크북

TONGBIBLE GUIDE
WORK BOOK

## 통通성경 길라잡이 **워크북**

초판 1쇄 2024년 12월 9일

지은이 · 조병호
펴낸곳 · 도서출판 **통독원**
디자인 · 전민영

주소 · 서울시 강남구 선릉로 806
전화 · 02)525-7794 팩 스 · 02)587-7794
홈페이지 · www.tongbooks.com
등록 · 제21-503호(1993.10.28)

ISBN 979-11-90540-53-7 03230



*책값은 뒤표지에 있습니다. *파본은 바꾸어 드립니다.



*연대는 대략적인 표기입니다.

# 통通성경 길라잡이 워크북

TONGBIBLE GUIDE
WORK BOOK

조병호

통독원

# 목차

ONE STORY

# 성경 66권 권별
# 시작과 끝 이야기

**성경을 부분이 아닌 전체로 읽어야 합니다.**

성경 66권 전체를 통째로 빠른 시간 내에 읽는 성경통독을 여러 번 반복하다 보면 성경에 대한 놀라운 직관이 생기는 것을 경험하게 됩니다. 성경을 통독하면, 하루에 5~10구절씩 묵상하고, 일주일에 한 번씩 주일 설교를 통해서 듣는 몇 구절의 말씀만으로 30년 넘게 신앙생활하는 것과는 차원이 다른 '말씀의 해일, 은혜의 쓰나미'를 경험하게 될 것입니다.

**성경을 역사순으로 읽어야 합니다.**

현재 우리가 보는 성경은 주로 장르별 편제를 따르고 있습니다. 역사의 주인이시자, 세계를 경영하시는 분이 하나님이시기 때문에, 하나님의 역사 경영을 알기 위해서 성경을 역사순으로 재배열하는 것입니다. 성경을 역사순으로 읽으면 오늘도 역사를 주관하시며 세계를 경영하시는 하나님을 만날 수 있습니다.

**성경 전체에 흐르는 하나님의 마음을 읽어야 합니다.**

성경은 펼칠 때마다 우리의 마음을 두근거리게 하는 '하나님의 러브레터'입니다. 성경통독은 지식만을 쌓기 위해 하는 것이 아니라, 하나님의 마음을 헤아리고 하나님과 더 깊은 관계를 맺기 위해 하는 것입니다. 하나님의 마음을 알아가는 것은 기본입니다. 알지 못하면 오해가 쌓입니다. 하나님께서 오늘 우리를 통해 성경 말씀에 새로이 부여하시는 의미와 생명력을 파악할 수 있다면 이는 진정한 성경통독이 되는 것입니다.

## 성경 66권 권별 시작과 끝 이야기 : 구약

《통성경 길라잡이》 14p를 참고하여 빈칸을 채우시면서 통으로 외우세요.
권별마다 분위기를 알고 스토리텔링에 큰 도움이 됩니다.

**1. 창세기** 시작은 ............................................ 이며(창 1:1), 끝은 ............................................ 입니다(창 50:25). 그리고 중간은 하나님께서 아브라함을 선택하시는 이야기입니다(창 12:1).

**2. 출애굽기** 시작은 ............................................ 이며(출 2:3), 끝은 ............................................ 하는 이야기입니다(출 40:34). 그리고 중간은 시내산에서 제사장 나라 언약을 체결하는 이야기입니다(출 24:3).

**3. 레위기** 시작은 ............................................ 이며(레 1:2), 끝은 ............................................ 이야기입니다(레 27:2). 그리고 중간은 아론의 첫 제사장 취임식 이야기입니다(레 8:33).

**4. 민수기** 시작은 시내 광야에서의 ............................................ 이며(민 1:2), 끝은 ............................................ 입니다(민 36:2). 그리고 중간은 가데스 바네아 사건 이야기입니다(민 14:29).

**5. 신명기** 시작은 모압 평지에서 ............................................ 하는 것이며(신 1:1), 끝은 ............................................ 입니다(신 34:5). 그리고 중간은 "네 자녀에게 가르치라"(신 11:19), 즉 쉐마 이야기입니다.

**6. 여호수아** 시작은 여호수아를 향한 ............................................ 이며(수 1:2), 끝은 ............................................ 하는 이야기입니다(수 24:32). 그리고 중간은 가나안 땅 분배 이야기입니다(수 14:1).

**7. 사사기** 시작은 ............................................ 이며(삿 1:3), 끝은 ............................................ 이야기입니다(삿 21:5).

**8. 룻기** 시작은 ............................................ 하는 것이며(룻 1:2), 끝은 ............................................ 입니다(룻 4:21). 그리고 중간은 룻과 보아스의 만남입니다(룻 2:3).

**9. 사무엘상** 시작은 ............................................ 이며(삼상 1:12), 끝은 ............................................ 입니다(삼상 31:4). 그리고 중간은 다윗의 첫 번째 기름 부음 이야기입니다(삼상 16:13).

**10. 사무엘하** 시작은 ______________ 이며(삼하 1:12), 끝은 ______________ 입니다(삼하 24:24). 그리고 중간은 다윗의 성전 건축에 대한 하나님의 허락하심입니다(삼하 7:13).

**11. 열왕기상** 시작은 ______________ 이며(왕상 1:38), 끝은 아람과의 전쟁에서 ______________ 입니다(왕상 22:34). 그리고 중간은 솔로몬의 성전 낙성식입니다(왕상 8:11).

**12. 열왕기하** 시작은 ______________ 이며(왕하 1:2~3), 끝은 ______________ 입니다(왕하 25:9). 그리고 중간은 북이스라엘의 멸망입니다(왕하 17:6).

**13. 잠언** 시작은 다윗의 아들 ______________ 이며(잠 1:1), 끝은 ______________ 입니다(잠 31:1).

**14. 아가** 시작은 ______________ 이며(아 1:15), 끝은 ______________ 는 솔로몬의 이야기입니다(아 8:6).

**15. 전도서** 시작은 ______________ 는 것이며(전 1:3), 끝은 ______________ 는 솔로몬의 당부입니다(전 12:1).

**16. 욥기** 시작은 ______________ 이야기이며(욥 1:8), 끝은 ______________ 입니다(욥 42:10). 그리고 중간은 하나님의 질문이 시작되는 이야기입니다(욥 38:1).

**17. 시편** 시작은 ______________ 이 무엇인지 알려주는 것이며(시 1:1), 끝은 ______________ 는 이야기입니다(시 150:6).

**18. 아모스** 시작은 ______________ 를 지적하는 것이며(암 1:3), 끝은 ______________ 는 예언입니다(암 9:15).

**19. 호세아** 시작은 ______________ 이야기이며(호 1:2), 끝은 긍휼의 하나님께 돌아오라는 ______________ 입니다(호 14:1).

**20. 요나** 시작은 ______________ 이야기이며(욘 1:3), 끝은 박넝쿨 비유를 통해 ______________ 이야기입니다(욘 4:11). 그리고 중간은 물고기 뱃속에 들어간 요나 이야기입니다(욘 1:17).

**21. 이사야** 시작은 ________ 이며(사 1:1), 끝은 ________ 선포입니다(사 66:22). 그리고 중간은 히스기야의 예루살렘 성전 기도입니다(사 37:1).

**22. 미가** 시작은 ________ 이며(미 1:1), 끝은 남은 자의 허물을 사하시는 ________ 하는 이야기입니다(미 7:18). 그리고 중간은 베들레헴에서 이스라엘을 다스릴 자가 나타난다는 미가의 예언입니다(미 5:2).

**23. 스바냐** 시작은 ________ 는 스바냐의 외침이며(습 1:7), 끝은 그날에 ________ 는 하나님의 약속 선포입니다(습 3:20).

**24. 하박국** 시작은 악인의 형통에 대한 ________ 이며(합 1:3), 끝은 구원의 하나님을 찬양하는 ________ 입니다(합 3:17~18). 그리고 중간은 "의인은 믿음으로 말미암아 살리라"라는 하박국의 고백입니다(합 2:4).

**25. 나훔** 시작은 ________ 이며(나 1:1), 끝은 피의 성 ________ 이라는 나훔의 예언입니다(나 3:7).

**26. 요엘** 시작은 이스라엘의 임박한 환난을 ________ 하는 이야기이며(욜 1:4), 끝은 ________ 입니다(욜 3:20). 그리고 중간은 옷을 찢지 말고 마음을 찢으라는 하나님의 말씀입니다(욜 2:13).

**27. 예레미야** 시작은 예레미야가 ________ 이며(렘 1:7), 끝은 ________ 입니다(렘 52:13). 그리고 중간은 바벨론이 예루살렘을 포위하는 이야기입니다(렘 32:2).

**28. 예레미야애가** 시작은 밤새도록 ________ 이며(애 1:2), 끝은 "우리의 날을 다시 새롭게 하사 옛적 같게 하옵소서"라는 ________ 입니다(애 5:21).

**29. 오바댜** 시작은 "에돔이 별 사이에 깃들일지라도 ________ "라는 하나님의 말씀이며(옵 1:4), 끝은 ________ 는 선포입니다(옵 1:21).

**30. 역대상** 시작은 ________ 이며(대상 1:1), 끝은 ________ 이야기입니다(대상 28:14). 그리고 중간은 다윗이 헤브론에서 열두 지파의

왕이 되는 이야기입니다(대상 11:3).

**31. 역대하** 시작은 ______________________ 이며(대하 1:3), 끝은 ______________________ 입니다(대하 36:23). 그리고 중간은 이스라엘의 남북 분단(한 민족 두 국가) 이야기입니다(대하 11:4).

**32. 에스겔** 시작은 그발 강가에서 ______________________ 을 받는 것이며(겔 1:3), 끝은 ______________________ 입니다(겔 48:1). 그리고 중간은 예루살렘의 함락 입니다(겔 33:21).

**33. 다니엘** 시작은 ______________________ 이며(단 1:4), 끝은 ______________________ 입니다(단 12:7). 그리고 중간은 다니엘의 사자 굴 기도입니다(단 6:10).

**34. 에스라** 시작은 ______________________ 이며(스 1:3), 끝은 ______________________ 이야기입니다(스 10:12). 그리고 중간은 에스라의 예루살렘 귀환 입니다(스 7:9).

**35. 학개** 시작은 ______________________ 고 외치는 학개 이야기이며(학 1:2), 끝은 ______________________ 는 하나님의 약속입니다(학 2:23).

**36. 스가랴** 시작은 너희 ______________________ 는 스가랴의 외침이며(슥 1:4), 끝은 열국에 ______________________ 이라는 예언의 말씀입니다(슥 14:16).

**37. 에스더** 시작은 ______________________ 이며(에 1:3), 끝은 ______________________ 되었다는 이야기입니다(에 9:22). 그리고 중간은 금식 3일 후 왕과 대면하는 에스더 이야기 입니다(에 5:1).

**38. 느헤미야** 시작은 ______________________ 이며(느 1:4), 끝은 ______________________ 이야기입니다(느 13:18). 그리고 중간은 예루살렘 성벽 재건 이야기입니다(느 7:1).

**39. 말라기** 시작은 ______________________ 이며(말 1:2), 끝은 아버지의 마음과 자녀의 마음을 위해서 선지자 ______________________ 입니다(말 4:5~6).

**40. 마태복음** 시작은 ________________ 이며(마 1:1), 끝은 ________________ 입니다(마 28:19~20). 그리고 중간은 예수님의 예루살렘 입성 이야기입니다(마 21:1).

**41. 마가복음** 시작은 ________________ 이야기이며(막 1:5), 끝은 예수님께서 ________________ 하시는 이야기입니다(막 16:19). 그리고 중간은 예수님의 예루살렘 입성 이야기입니다(막 11:1).

**42. 누가복음** 시작은 ________________ 이며(눅 1:13), 끝은 ________________ 입니다(눅 24:50). 그리고 중간은 예수님의 예루살렘 입성 이야기입니다(눅 18:31).

**43. 요한복음** 시작은 ________________ 는 요한의 증언이며(요 1:1), 끝은 ________________ 이야기입니다(요 21:12). 그리고 중간은 예수님의 예루살렘 입성 이야기입니다(요 12:13).

**44. 사도행전** 시작은 ________________ 이며(행 1:9), 끝은 죄수 신분이 된 ________________ 이야기입니다(행 28:16). 그리고 중간은 예루살렘 공회 이야기입니다(행 15:11).

**45. 데살로니가전서** 시작은 마게도냐와 아가야의 ________________, 데살로니가 성도 소개이며(살전 1:7), 끝은 ________________ 한 것입니다(살전 5:23).

**46. 데살로니가후서** 시작은 환난 중에 인내와 믿음을 지닌 ________________ 한 것이며(살후 1:4), 끝은 ________________ 한 것입니다(살후 3:11).

**47. 갈라디아서** 시작은 다른 복음은 없다, ________________ 는 바울의 선언이며(갈 1:7), 끝은 ________________ 는 바울의 고백 이야기입니다(갈 6:17).

**48. 고린도전서** 시작은 ________________ 이며(고전 1:2~3), 끝은 ________________ 를 강조하는 것입니다(고전 16:3).

**49. 고린도후서** 시작은 ________________ 이며(고후 1:1~2), 끝은 ________________ 입니다(고후 13:1).

**50. 로마서** 시작은 .................................................... 이며(롬 1:7), 끝은 바울의 .......................... 입니다(롬 16:3). 그리고 중간은 생명의 성령의 법 이야기입니다(롬 8:2).

**51. 에베소서** 시작은 바울의 .................................................... 하는 것이며(엡 1:3~4), 끝은 특별히 너희를 위로하기 위하여 .................................................... 는 이야기입니다(엡 6:22).

**52. 빌립보서** 시작은 빌립보 성도를 위한 .................................................... 이며(빌 1:3~4), 끝은 에바브로디도 편에 보낸 .................................................... 입니다(빌 4:18). 그리고 중간은 그리스도의 낮아지심 이야기입니다(빌 2:6).

**53. 골로새서** 시작은 .................................................... 이야기이며(골 1:7~8), 끝은 .................................................... 는 이야기입니다(골 4:7). 그리고 중간은 하나님의 비밀, 그리스도 이야기입니다(골 2:2).

**54. 빌레몬서** 시작은 .................................................... 과 감사이며(몬 1:4), 끝은 빌레몬을 형제로 부르며 .................................................... 하는 이야기입니다(몬 1:20).

**55. 디모데전서** 시작은 믿음의 아들 .................................................... 이며(딤전 1:18), 끝은 믿음의 .................................................... 입니다(딤전 6:12).

**56. 디도서** 시작은 .................................................... 를 밝힌 것이며(딛 1:5), 끝은 디도에게 .................................................... 하는 내용입니다(딛 3:12).

**57. 디모데후서** 시작은 외조모 로이스와 어머니 유니게, .................................................... 이며(딤후 1:5), 끝은 .................................................... 입니다(딤후 4:21).

**58. 히브리서** 시작은 .................................................... 이며(히 1:1), 끝은 .................................................... 는 것입니다(히 13:13). 그리고 중간은 예수님께서 장래 좋은 일의 대제사장이시라는 선언입니다(히 9:11).

**59. 야고보서** 시작은 흩어져 있는 .................................................... 하는 것이며(약 1:1), 끝은 .................................................... 는 선언입니다(약 5:16).

**60. 베드로전서** 시작은 .................................................... 이며(벧전 1:3), 끝은 ....................................................

........................................................................ 입니다(벧전 5:1).

**61. 베드로후서** 시작은 나의 ........................................................................ 는 것이며(벧후 1:14), 끝은 ........................................................................ 는 경고입니다(벧후 3:16).

**62. 유다서** 시작은 ........................................................................ 이며(유 1:3), 끝은 ........................................................................ 는 것입니다(유 1:22).

**63. 요한일서** 시작은 ........................................................................ 이 무엇인지를 알려주는 것이며(요일 1:3), 끝은 ........................................................................ 을 우리에게 알게 하신 이야기입니다(요일 5:20). 그리고 중간은 "하나님은 사랑이심이라"라는 선포입니다(요일 4:8).

**64. 요한이서** 시작은 어느 부녀에게 전하는 ........................................................................ 이며(요이 1:5), 끝은 ........................................................................ 입니다(요이 1:12).

**65. 요한삼서** 시작은 ........................................................................ 이며(요삼 1:2), 끝은 ........................................................................ 입니다(요삼 1:14).

**66. 요한계시록** 시작은 ........................................................................ 이야기이며(계 1:9), 끝은 ........................................................................ 입니다(계 22:20). 그리고 중간은 일곱 인을 떼신 어린양 이야기입니다(계 5:7).

결국 성경 66권은 예수 그리스도의 십자가 원 스토리(One Story)입니다.
The Bible; to the cross, from the cross.

# 통성경 길라잡이 52과 제목

| | |
|---|---|
| 1과 | 원역사 |
| 2과 | |
| 3과 | |
| 4과 | |
| 5과 | |
| 6과 | |
| 7과 | |
| 8과 | |
| 9과 | |
| 10과 | |
| 11과 | |
| 12과 | 미스바세대 |
| 13과 | |
| 14과 | |
| 15과 | |
| 16과 | |
| 17과 | |
| 18과 | |
| 19과 | |
| 20과 | |
| 21과 | |
| 22과 | |
| 23과 | |
| 24과 | |
| 25과 | 포로민 설득 - 유대인의 시작 |
| 26과 | |

## 통성경 길라잡이 52과 제목

| | |
|---|---|
| 27과 | |
| 28과 | |
| 29과 | |
| 30과 | |
| 31과 | |
| 32과 | 헬라 제국과 중간사 - 모세오경의 세계화 |
| 33과 | |
| 34과 | |
| 35과 | |
| 36과 | 예수님의 탄생 |
| 37과 | |
| 38과 | |
| 39과 | |
| 40과 | |
| 41과 | |
| 42과 | 열리는 제자 시대 - 2, 3, 4차 산헤드린 공회 재판 |
| 43과 | |
| 44과 | |
| 45과 | |
| 46과 | |
| 47과 | |
| 48과 | |
| 49과 | |
| 50과 | 복음 2세대를 위한 편지 |
| 51과 | |
| 52과 | |

# 통通트랙 1
# 모세5경

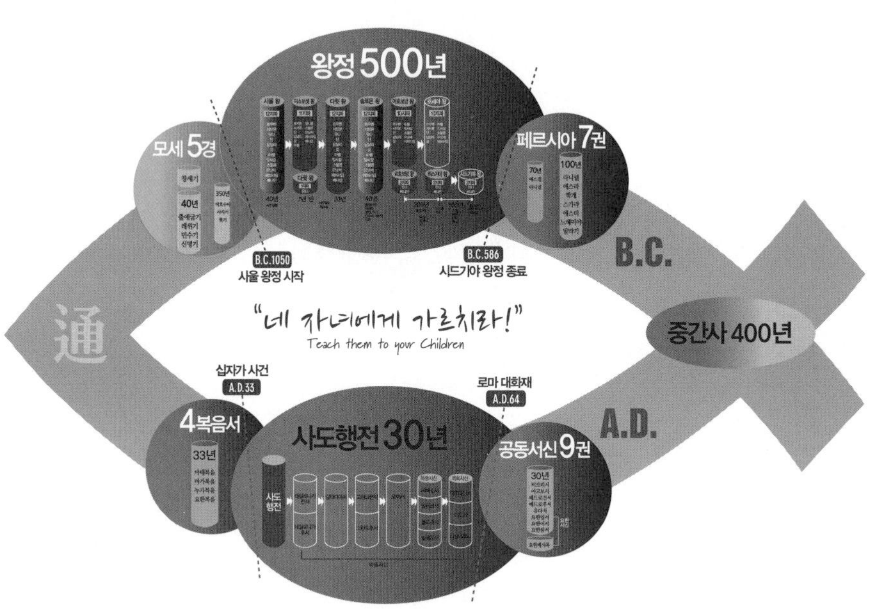

왕정 500년
모세 5경
페르시아 7권
B.C.
B.C.1050
사울 왕정 시작
B.C.586
시드기야 왕정 종료
通
"네 자녀에게 가르치라!"
Teach them to your Children
중간사 400년
십자가 사건
A.D.33
로마 대화재
A.D.64
A.D.
4복음서
사도행전 30년
공동서신 9권

# 통通성경 길라잡이
# 1~11과

| | |
|---|---|
| 1. 원역사 | 7. 만나세대 |
| 2. 족장사 | 8. 만나학교 졸업 |
| 3. 입애굽과 민족 | 9. 약속의 땅 입성 |
| 4. 출애굽과 제국 | 10. 사사들이 다스리던 시기 |
| 5. 세계 선교의 꿈 - 제사장 나라 | 11. 교육의 성공 사례 |
| 6. 거룩한 시민학교 교과서 | |

## 모세5경

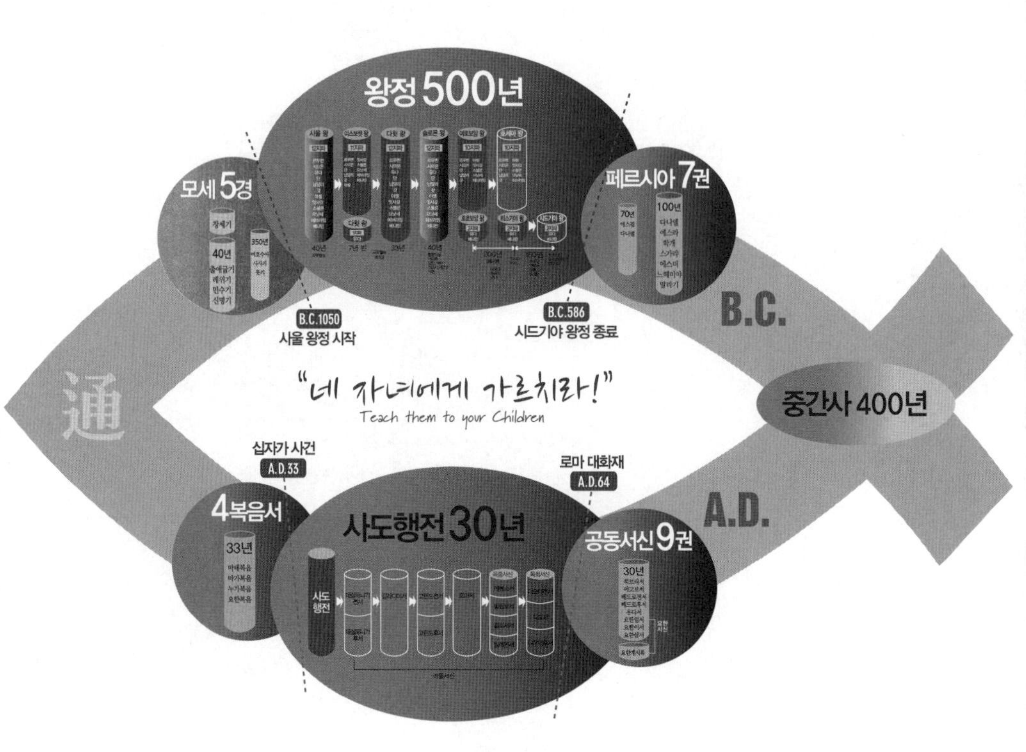


| | |
|---|---|
| ① | ① ______ |
| 40년 ② | ② ______ |
| 350년 ③ | ③ ______ |

《통성경 길라잡이》 통트랙스 7 그림 참조

## 하나님의 마음

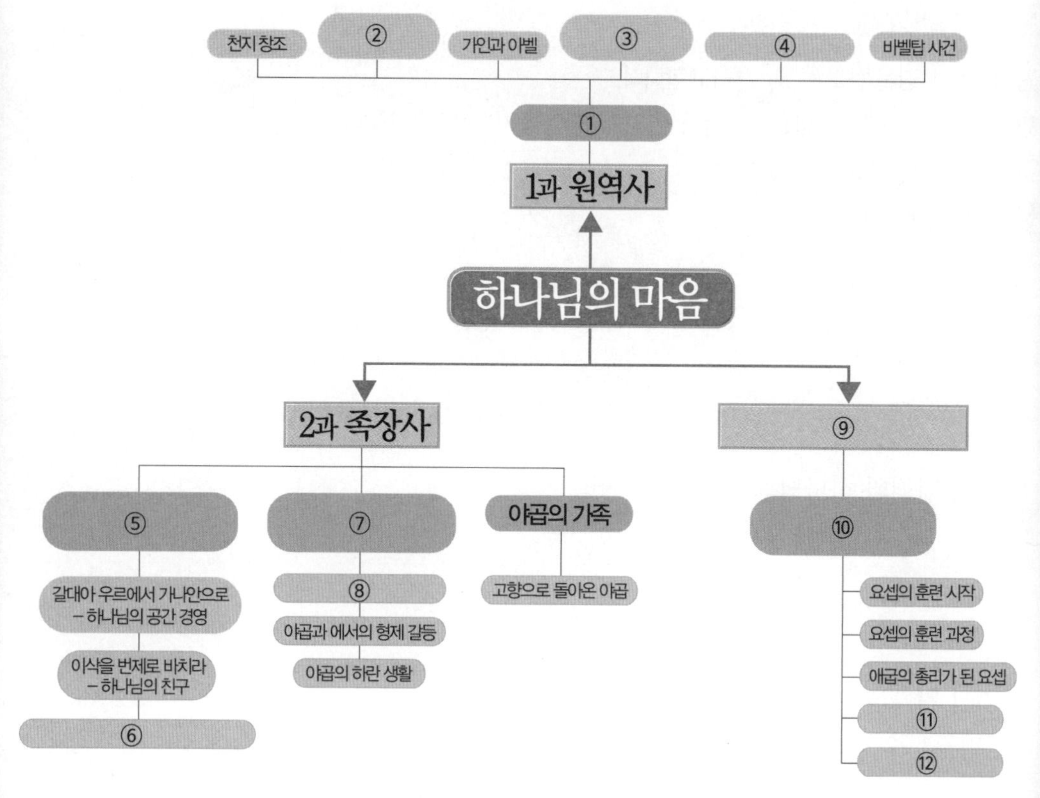
천지 창조
②
가인과 아벨
③
④
바벨탑 사건
①
1과 원역사
하나님의 마음
2과 족장사
⑨
⑤
⑦
야곱의 가족
⑩
갈대아 우르에서 가나안으로
– 하나님의 공간 경영
⑧
야곱과 에서의 형제 갈등
야곱의 하란 생활
고향으로 돌아온 야곱
이삭을 번제로 바치라
– 하나님의 친구
⑥
요셉의 훈련 시작
요셉의 훈련 과정
애굽의 총리가 된 요셉
⑪
⑫

① ____________________

② ____________________

③ ____________________

④ ____________________

⑤ ____________________

⑥ ____________________

⑦ ____________________

⑧ ____________________

⑨ ____________________

⑩ ____________________

⑪ ____________________

⑫ ____________________

《통성경 길라잡이》p.21 참조

# 01 원역사 창 1~11장

## 통通으로 외우기

①창세기 1~11장을 '(　　　　　　)'라고 합니다.

②만물의 (　　　)과 인류의 (　　　)등 중요한 사항들을 기록하고 있습니다.

## 스토리 요약하기

1. 천지 창조 (창 1장)

2. 인간의 범죄와 하나님의 용서 (창 2~3장)

3. 가인과 아벨 (창 4~5장)

4. 노아 홍수 – 하나님의 눈물 (창 6~9장)

5. 족보 – 약속의 성취 (창 10장)

6. 바벨탑 사건 (창 11장)

## 하나님 마음으로 충전하기

“하나님이 지으신 그 모든 것을 보시니 보시기에 (                    ) 저녁이 되고 아침이 되니 이는 여섯째 날이니라”(창 1:31)

“여호와께서 사람의 죄악이 세상에 가득함과 그의 마음으로 생각하는 모든 계획이 항상 악할 뿐임을 보시고 땅 위에 사람 지으셨음을 (                    ) 마음에 근심하시고”(창 6:5~6)

“하나님이 노아와 그 아들들에게 복을 주시며 그들에게 이르시되 (          )하고 (          )하여 땅에 (          )하라”(창 9:1)

## 통독성경 다섯 가지 포인트 필사하기

**1일** (통독성경 구약 p.1)

ㅇ 제목 ㅇ 범위

ㅇ 다섯 가지 포인트

①

②

③

④

⑤

## 2일 (통독성경 구약 p.4)

o 제목 o 범위

o 다섯 가지 포인트

①

②

③

④

⑤

## 3일 (통독성경 구약 p.9)

o 제목 o 범위

o 다섯 가지 포인트

①

②

③

④

⑤

## 4일 (통독성경 구약 p.15)

ㅇ 제목 ㅇ 범위

ㅇ 다섯 가지 포인트

①

②

③

④

⑤

# 02 족장사 창 12~36장

## 통通으로 외우기

① 창세기 12~36장을 '(　　　　　)'라고 합니다.

② 족장 시대의 이야기로, 한 사람을 통하여 모든 민족을 복 받게 하시겠다는 하나님의 놀라운 계획 아래 (　　　　　)이 선택됩니다.

③ (　　　　　), (　　　　), (　　　　)의 생애를 중심으로 이야기가 전개됩니다.

## 스토리 요약하기

1. 갈대아 우르에서 가나안으로 – 하나님의 공간 경영 (창 12장)

2. 이삭을 번제로 바치라 – 하나님의 친구 (창 13~22장)

3. 막벨라굴에 묻힌 아브라함과 사라 (창 23~25장)

4. 순종과 양보의 사람 이삭 (창 26장)

5. 야곱과 에서의 형제 갈등 (창 27장)

6. 야곱의 하란 생활 (창 28~31장)

7. 고향으로 돌아온 야곱 (창 32~36장)

### 하나님 마음으로 충전하기

"여호와께서 아브람에게 이르시되 너는 너의 고향과 친척과 아버지의 집을 떠나 내가 네게 (                    )으로 가라"(창 12:1)

### 통독성경 다섯 가지 포인트 필사하기

**5일** (통독성경 구약 p.19)

o 제목 o 범위

o 다섯 가지 포인트

①

②

③

④

⑤

## 6일 (통독성경 구약 p.23)

ㅇ 제목 ㅇ 범위

ㅇ 다섯 가지 포인트

①

②

③

④

⑤

## 7일 (통독성경 구약 p.28)

ㅇ 제목 ㅇ 범위

ㅇ 다섯 가지 포인트

①

②

③

④

⑤

## 8일 (통독성경 구약 p.37)

ㅇ 제목　　　　　　　　　　ㅇ 범위

ㅇ 다섯 가지 포인트

①

②

③

④

⑤

## 9일 (통독성경 구약 p.45)

ㅇ 제목　　　　　　　　　　ㅇ 범위

ㅇ 다섯 가지 포인트

①

②

③

④

⑤

## 10일 (통독성경 구약 p.53)

o 제목 o 범위

o 다섯 가지 포인트

①

②

③

④

⑤

## 11일 (통독성경 구약 p.60)

o 제목 o 범위

o 다섯 가지 포인트

①

②

③

④

⑤

## 12일 (통독성경 구약 p.68)

ㅇ 제목

ㅇ 범위

ㅇ 다섯 가지 포인트

①

②

③

④

⑤

# 03 입애굽과 민족 창 37~50장

## 통通으로 외우기

① 창세기 37~50장에는 (　　　) 이야기가 펼쳐집니다. 그 흐름 가운데 창세기 38장에는 (　　　)가 주인공인 이야기가 들어 있습니다.

② 요셉의 죽음으로 끝나는 창세기 (　　　)과 '요셉을 모르는 새 왕'이 등장하는 출애굽기 (　　　) 사이에는 적어도 400여 년이 넘는 세월의 간격이 있습니다.

## 스토리 요약하기

1. 요셉의 훈련 시작 (창 37~38장)

2. 요셉의 훈련 과정 (창 39~40장)

3. 애굽의 총리가 된 요셉 (창 41장)

4. 22년 만의 형제 화해 (창 42~47장)

5. 야곱과 요셉의 유언 (창 48~50장)

## 하나님 마음으로 충전하기

"하나님이 이르시되 나는 하나님이라 네 아버지의 하나님이니 (　　　)으로 내려가기를 두려워하지 말라 내가 거기서 너로 (　　　　)을 이루게 하리라 내가 너와 함께 (　　　)으로 내려가겠고 반드시 너를 인도하여 다시 올라올 것이며 요셉이 그의 손으로 네 눈을 감기리라 하셨더라"(창 46:3~4)

"이스라엘 족속이 (　　　　　　)에 거주하며 거기서 생업을 얻어 생육하고 (　　　)하였더라"(창 47:27)

"요셉이 또 이스라엘 자손에게 (　　　　)시켜 이르기를 하나님이 반드시 당신들을 돌보시리니 당신들은 여기서 내 (　　　)을 메고 (　　　　　　　　) 하라 하였더라"(창 50:25)

## 통독성경 다섯 가지 포인트 필사하기

**13일** (통독성경 구약 p.74)

○ 제목　　　　　　　　　　○ 범위

○ 다섯 가지 포인트

①

②

③

④

⑤

## 14일 (통독성경 구약 p.79)

ㅇ 제목 ㅇ 범위

ㅇ 다섯 가지 포인트

①

②

③

④

⑤

## 15일 (통독성경 구약 p.86)

ㅇ 제목 ㅇ 범위

ㅇ 다섯 가지 포인트

①

②

③

④

⑤

## 16일 (통독성경 구약 p.94)

ㅇ 제목 ㅇ 범위

ㅇ 다섯 가지 포인트

①

②

③

④

⑤

## 17일 (통독성경 구약 p.101)

ㅇ 제목 ㅇ 범위

ㅇ 다섯 가지 포인트

①

②

③

④

⑤

2마당

## 열방을 향한 꿈

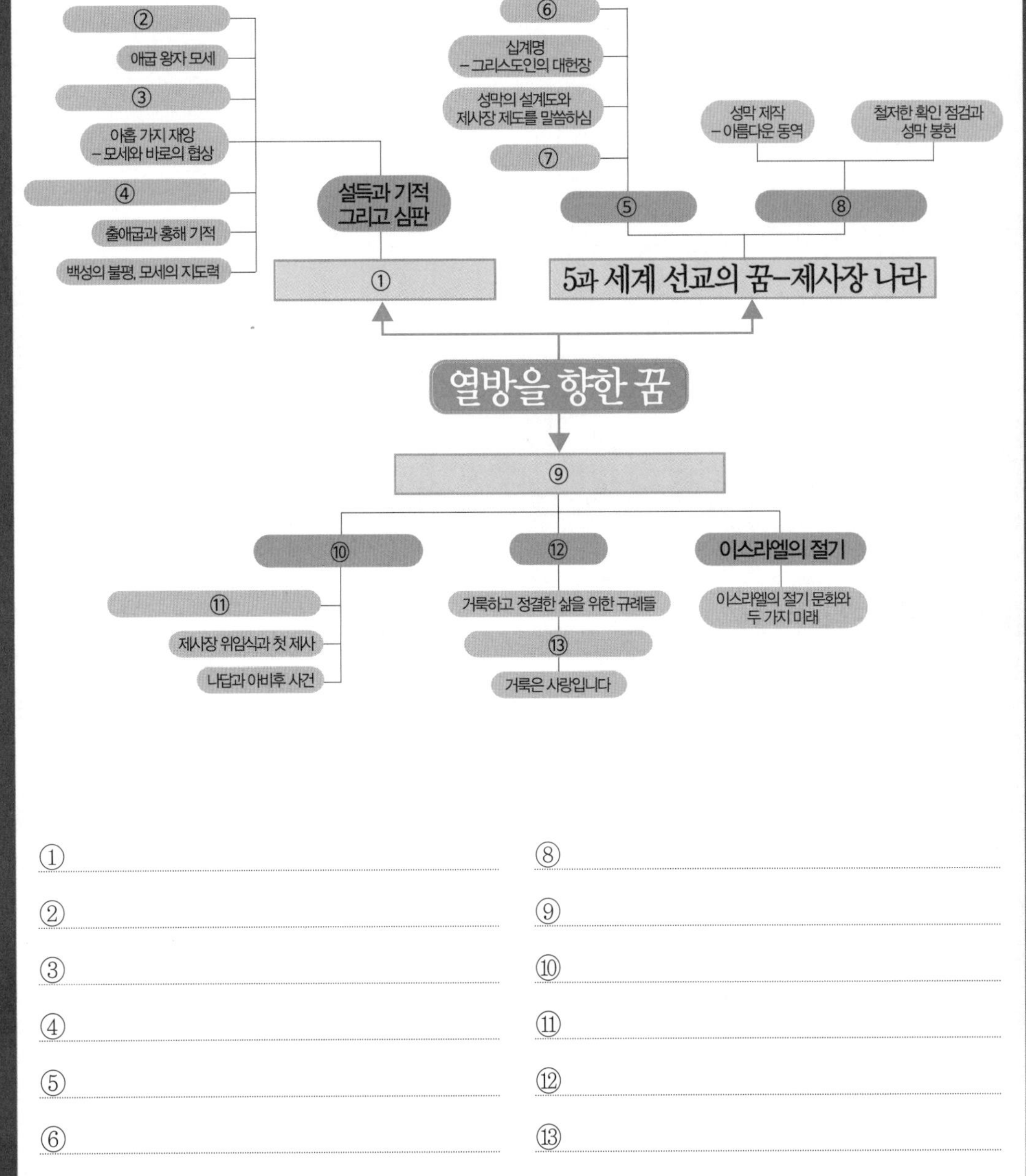
②
애굽 왕자 모세
③
아홉 가지 재앙
– 모세와 바로의 협상
④
출애굽과 홍해 기적
백성의 불평, 모세의 지도력
설득과 기적
그리고 심판
①
⑥
십계명
– 그리스도인의 대헌장
성막의 설계도와
제사장 제도를 말씀하심
⑦
성막 제작
– 아름다운 동역
철저한 확인 점검과
성막 봉헌
⑤
⑧
5과 세계 선교의 꿈–제사장 나라
열방을 향한 꿈
⑨
⑩
⑪
제사장 위임식과 첫 제사
나답과 아비후 사건
⑫
거룩하고 정결한 삶을 위한 규례들
⑬
거룩은 사랑입니다
이스라엘의 절기
이스라엘의 절기 문화와
두 가지 미래

① ______________________

② ______________________

③ ______________________

④ ______________________

⑤ ______________________

⑥ ______________________

⑦ ______________________

⑧ ______________________

⑨ ______________________

⑩ ______________________

⑪ ______________________

⑫ ______________________

⑬ ______________________

《통성경 길라잡이》p.45 참조

# 04 출애굽과 제국 출 1~18장

## 통通으로 외우기

① 출애굽기 1~4장은 모세의 출생부터 모세가 80세가 되어 호렙산에서 하나님의 (          )을 받기까지의 기록입니다.

② 출애굽기 5~11장의 기록은 모세가 애굽으로 돌아와 6개월간 (          )와 아홉 번의 숨 막히는 협상을 벌였던 기간의 이야기입니다.

③ 출애굽기 12~13장에는 이스라엘이 영원히 기념해야 할 애굽에서의 (                    )과 역사적인 출애굽 이야기가 기록되어 있습니다.

④ 출애굽기 14~18장 이야기는 이스라엘이 출애굽한 후 (          )에 당도하기 전까지 약 3개월간 일어났던 일들입니다.

## 스토리 요약하기

1. 자손에 대한 약속의 성취 (출 1장)

2. 애굽 왕자 모세 (출 2장)

3. 모세를 설득하시는 하나님 (출 3~4장)

4. 아홉 가지 재앙 – 모세와 바로의 협상 (출 5~10장)

5. 첫 번째 유월절 – 이날을 기념하라 (출 11장~12:36)

## 6. 출애굽과 홍해 기적 (출 12:37~15장)

## 7. 백성의 불평, 모세의 지도력 (출 16~18장)

### 하나님 마음으로 충전하기

"(                    )은 생육하고 불어나 번성하고 매우 강하여 온 땅에 가득하게 되었더라"(출 1:7)

"이 후에 너희의 자녀가 묻기를 이 예식이 무슨 뜻이냐 하거든 너희는 이르기를 이는 여호와의 (          ) 제사라 여호와께서 애굽 사람에게 재앙을 내리실 때에 애굽에 있는 이스라엘 자손의 집을 넘으사 우리의 집을 (          )하셨느니라 하라 하매 백성이 머리 숙여 경배하니라"(출 12:26~27)

### 통독성경 다섯 가지 포인트 필사하기

**18일** (통독성경 구약 p.107)

ㅇ 제목 ㅇ 범위

ㅇ 다섯 가지 포인트

①

②

③

④

⑤

## 19일 (통독성경 구약 p.111)

○ 제목 ○ 범위

○ 다섯 가지 포인트

①

②

③

④

⑤

## 20일 (통독성경 구약 p.115)

○ 제목 ○ 범위

○ 다섯 가지 포인트

①

②

③

④

⑤

## 21일 (통독성경 구약 p.121)

○ 제목 ○ 범위

○ 다섯 가지 포인트

①

②

③

④

⑤

## 22일 (통독성경 구약 p.129)

○ 제목 ○ 범위

○ 다섯 가지 포인트

①

②

③

④

⑤

## 23일 (통독성경 구약 p.135)

ㅇ 제목 ㅇ 범위

ㅇ 다섯 가지 포인트

①

②

③

④

⑤

## 24일 (통독성경 구약 p.140)

ㅇ 제목 ㅇ 범위

ㅇ 다섯 가지 포인트

①

②

③

④

⑤

통通프레임

# 제사장 나라와 제국

## : 성경과 5대 제국

A KINGDOM OF PRIESTS AND EMPIRES

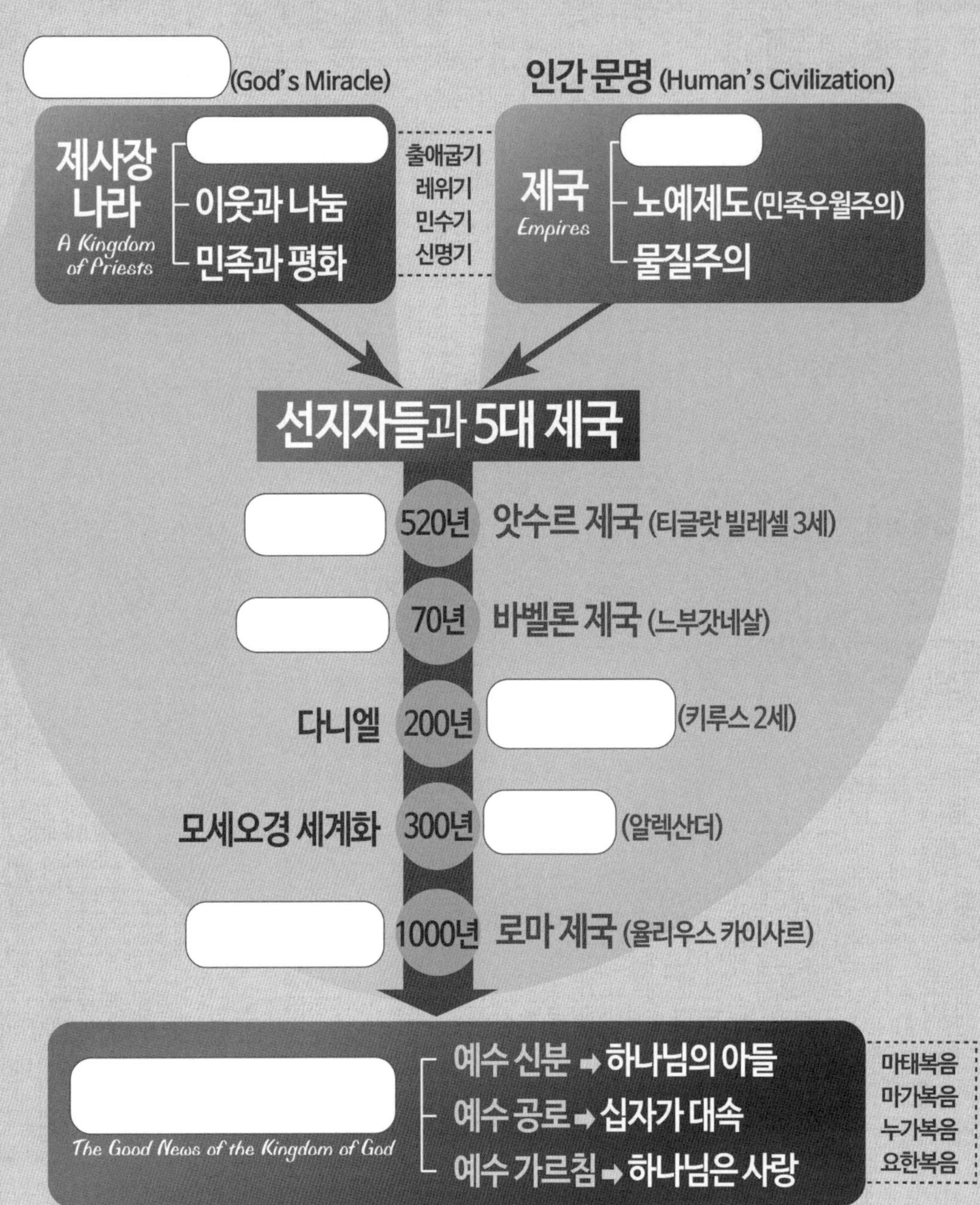


《통성경 길라잡이》p.55 참조

# 05 세계 선교의 꿈 - 제사장 나라 출 19~40장

## 통通으로 외우기

① 출애굽기 19~40장, (　　　　) 1~27장, (　　　　) 1장~10장 10절은 모세와 출애굽세대들이 시내산에서 약 1년간 머무른 시간의 기록입니다.

② 출애굽세대들은 시내산 자락에 머무르면서 모세를 통해 하나님의 (　　　　)을 받고, (　　　　)을 지으며 제사장 나라를 배웠습니다.

## 스토리 요약하기

1. 시내산 언약 (출 19장)

2. 십계명 – 그리스도인의 대헌장 (출 20장)

3. 성막의 설계도와 제사장 제도를 말씀하심 (출 21~31장)

4. 금송아지 사건 (출 32~34장)

5. 성막 제작 – 아름다운 동역 (출 35장~39:31)

## 6. 철저한 확인 점검과 성막 봉헌 (출 39:32~40장)

## 하나님 마음으로 충전하기

"세계가 다 내게 속하였나니 너희가 내 말을 잘 듣고 내 언약을 지키면 너희는 모든 민족 중에서 내 소유가 되겠고 너희가 내게 대하여 (　　　　　　　　)가 되며 (　　　　　　　　　　)이 되리라 너는 이 말을 이스라엘 자손에게 전할지니라"(출 19:5~6)

"하나님이 이 모든 말씀으로 말씀하여 이르시되 나는 너를 애굽 땅, (　　　　　　　　　　)에서 인도하여 낸 네 (　　　　　　　　)니라"(출 20:1~2)

## 통독성경 다섯 가지 포인트 필사하기

### 25일 (통독성경 구약 p.146)

ㅇ 제목　　　　　　　　　　　　ㅇ 범위

ㅇ 다섯 가지 포인트

①

②

③

④

⑤

## 26일 (통독성경 구약 p.150)

ㅇ 제목 ㅇ 범위

ㅇ 다섯 가지 포인트

①

②

③

④

⑤

## 27일 (통독성경 구약 p.156)

ㅇ 제목 ㅇ 범위

ㅇ 다섯 가지 포인트

①

②

③

④

⑤

## 28일 (통독성경 구약 p.163)

ㅇ 제목

ㅇ 범위

ㅇ 다섯 가지 포인트

①

②

③

④

⑤

## 29일 (통독성경 구약 p.169)

ㅇ 제목

ㅇ 범위

ㅇ 다섯 가지 포인트

①

②

③

④

⑤

## 30일 (통독성경 구약 p.173)

ㅇ 제목

ㅇ 범위

ㅇ 다섯 가지 포인트

①

②

③

④

⑤

## 31일 (통독성경 구약 p.180)

ㅇ 제목

ㅇ 범위

ㅇ 다섯 가지 포인트

①

②

③

④

⑤

## 32일 (통독성경 구약 p.188)

ㅇ 제목 ㅇ 범위

ㅇ 다섯 가지 포인트

①

②

③

④

⑤

# 06 거룩한 시민학교 교과서 레

## 통通으로 외우기

① 시내산에서 약 1년간 머무르는 동안의 기록이 <출애굽기>에 이어 (                    )에 계속됩니다.

② (                    )는 하나님의 러브레터입니다.

③ 레위기 26장은 구약성경 전체를 관통하는 (                              ) 미래 경영의 '핵심 노트'입니다.

## 스토리 요약하기

1. 다섯 가지 제사를 세 가지 방법으로 (레 1~7장)

2. 제사장 위임식과 첫 제사 (레 8~9장)

3. 나답과 아비후 사건 (레 10장)

4. 거룩하고 정결한 삶을 위한 규례들 (레 11~15장)

5. 속죄일 – 제사장의 자기반성 (레 16장)

6. 거룩은 사랑입니다 (레 17~22장)

## 7. 이스라엘의 절기 문화와 두 가지 미래 (레 23~27장)

### 하나님 마음으로 충전하기

"이는 ( )와 소제와 ( )와 속건제와 위임식과 ( )의 규례라"(레 7:37)

"또 너희 다섯이 ( )을 쫓고 너희 백이 ( )을 쫓으리니 너희 대적들이 너희 앞에서 칼에 엎드러질 것이며 내가 너희를 돌보아 너희를 번성하게 하고 너희를 창대하게 할 것이며 내가 너희와 함께 한 내 ( )을 이행하리라 너희는 오래 두었던 ( )을 먹다가 ( )으로 말미암아 묵은 곡식을 치우게 될 것이며"(레 26:8~10)

### 통독성경 다섯 가지 포인트 필사하기

**33일** (통독성경 구약 p.193)

o 제목 o 범위

o 다섯 가지 포인트

①

②

③

④

⑤

## 34일 (통독성경 구약 p.200)

ㅇ 제목 ㅇ 범위

ㅇ 다섯 가지 포인트

①

②

③

④

⑤

## 35일 (통독성경 구약 p.205)

ㅇ 제목 ㅇ 범위

ㅇ 다섯 가지 포인트

①

②

③

④

⑤

## 36일 (통독성경 구약 p.210)

ㅇ 제목　　　　　　　　　　　　　　　　　　　ㅇ 범위

ㅇ 다섯 가지 포인트

①

②

③

④

⑤

## 37일 (통독성경 구약 p.218)

ㅇ 제목　　　　　　　　　　　　　　　　　　　ㅇ 범위

ㅇ 다섯 가지 포인트

①

②

③

④

⑤

## 38일 (통독성경 구약 p.224)

ㅇ 제목 ㅇ 범위

ㅇ 다섯 가지 포인트

①

②

③

④

⑤

## 39일 (통독성경 구약 p.228)

ㅇ 제목 ㅇ 범위

ㅇ 다섯 가지 포인트

①

②

③

④

⑤

## 40일 (통독성경 구약 p.234)

ㅇ 제목 ㅇ 범위

ㅇ 다섯 가지 포인트

①

②

③

④

⑤

## 41일 (통독성경 구약 p.239)

ㅇ 제목 ㅇ 범위

ㅇ 다섯 가지 포인트

①

②

③

④

⑤

## 42일 (통독성경 구약 p.247)

o 제목

o 범위

o 다섯 가지 포인트

①

②

③

④

⑤

통通프레임

# 출애굽세대와 만나세대

THE EXODUS GENERATION & THE MANNA GENERATION

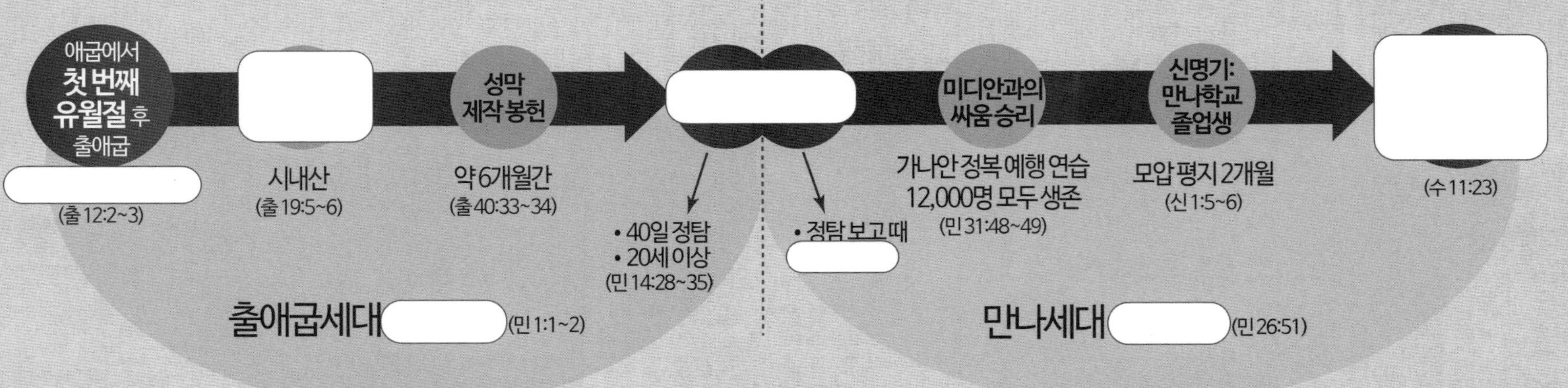


《통성경 길라잡이》p.71 참조

3마당

## 만나세대

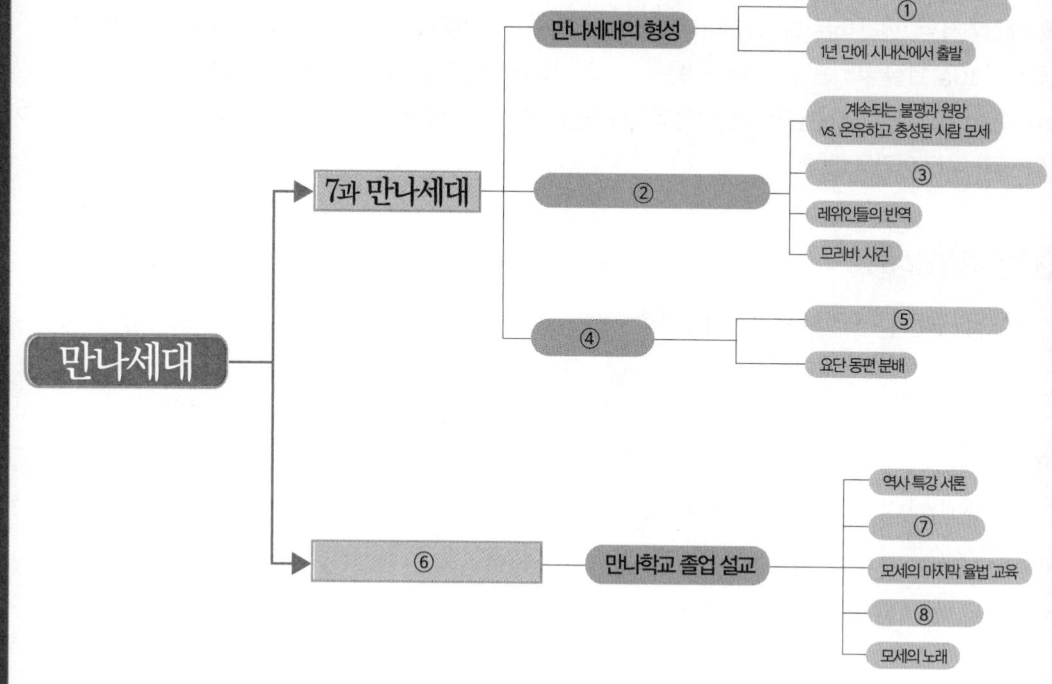
만나세대
7과 만나세대
만나세대의 형성
①
1년 만에 시내산에서 출발
②
계속되는 불평과 원망 vs. 온유하고 충성된 사람 모세
③
레위인들의 반역
므리바 사건
④
⑤
요단 동편 분배
⑥
만나학교 졸업 설교
역사 특강 서론
⑦
모세의 마지막 율법 교육
⑧
모세의 노래

①

②

③

④

⑤

⑥

⑦

⑧

《통성경 길라잡이》p.73 참조

# 07 만나세대 민

## 통通으로 외우기

① 시내산에서 약 1년간 머무르는 동안의 기록이 민수기 (          )부터 (                              )까지 계속됩니다.

② 민수기 10장 11절부터 <민수기> 끝까지는 (               )에서의 40여 년 시간이 담겨 있습니다.

③ <민수기>는 모세의 120년 삶의 후반부인 동시에 애굽이 아닌 광야에서 자란 새로운 세대인 '(                    )'가 형성되는 시기이기도 합니다.

## 스토리 요약하기

1. 출애굽세대 인구조사와 진 배치 (민 1~8장)

2. 1년 만에 시내산에서 출발 (민 9~10장)

3. 계속되는 불평과 원망 vs. 온유하고 충성된 사람 모세 (민 11~12장)

4. 가데스 바네아 사건 – 만나세대의 시작 (민 13~14장)

5. 레위인들의 반역 (민 15~19장)

6. 므리바 사건 (민 20~21장)

7. 만나세대 인구조사와 새 지도자 (민 22~31장)

8. 요단 동편 분배 (민 32~36장)

**하나님 마음으로 충전하기**

"너희는 그 땅을 정탐한 날 수인 사십 일의 하루를 일 년으로 쳐서 그 (                    ) 너희의 죄악을 담당할지니 너희는 그제서야 내가 싫어하면 어떻게 되는지를 알리라 하셨다 하라"(민 14:34)

**통독성경 다섯 가지 포인트 필사하기**

**43일** (통독성경 구약 p.253)

ㅇ 제목 ㅇ 범위

ㅇ 다섯 가지 포인트

①

②

③

④

⑤

## 44일 (통독성경 구약 p.258)

o 제목

o 범위

o 다섯 가지 포인트

①

②

③

④

⑤

## 45일 (통독성경 구약 p.264)

o 제목

o 범위

o 다섯 가지 포인트

①

②

③

④

⑤

## 46일 (통독성경 구약 p.269)

o 제목

o 범위

o 다섯 가지 포인트

①

②

③

④

⑤

## 47일 (통독성경 구약 p.276)

o 제목

o 범위

o 다섯 가지 포인트

①

②

③

④

⑤

## 48일 (통독성경 구약 p.279)

o 제목

o 범위

o 다섯 가지 포인트

①

②

③

④

⑤

## 49일 (통독성경 구약 p.284)

o 제목

o 범위

o 다섯 가지 포인트

①

②

③

④

⑤

## 50일 (통독성경 구약 p.290)

○ 제목 ○ 범위

○ 다섯 가지 포인트

①

②

③

④

⑤

## 51일 (통독성경 구약 p.297)

○ 제목 ○ 범위

○ 다섯 가지 포인트

①

②

③

④

⑤

## 52일 (통독성경 구약 p.301)

ㅇ 제목 ㅇ 범위

ㅇ 다섯 가지 포인트

①

②

③

④

⑤

## 53일 (통독성경 구약 p.306)

ㅇ 제목 ㅇ 범위

ㅇ 다섯 가지 포인트

①

②

③

④

⑤

## 54일 (통독성경 구약 p.315)

○ 제목 ○ 범위

○ 다섯 가지 포인트

①

②

③

④

⑤

## 55일 (통독성경 구약 p.321)

○ 제목 ○ 범위

○ 다섯 가지 포인트

①

②

③

④

⑤

## 56일 (통독성경 구약 p.326)

○ 제목 ○ 범위

○ 다섯 가지 포인트

①

②

③

④

⑤

## 57일 (통독성경 구약 p.332)

○ 제목 ○ 범위

○ 다섯 가지 포인트

①

②

③

④

⑤

# 08 만나학교 졸업[신]

## 통通으로 외우기

①<신명기>에는 이스라엘 백성이 (          )에서 보낸 40여 년의 지난 세월이 담겨 있습니다.
②<신명기>는 모세가 죽기 전에 모압 평지 아라바 광야에서 출애굽세대의 자녀들인 (                    )에게 남긴 설교입니다.
③<신명기>를 전하는 모세의 마음을 품고 모세의 시편인 시편 (          )을 함께 읽습니다.

## 스토리 요약하기

1. 역사 특강 서론 (신 1~4장)

2. 들으라! 이스라엘 (신 5~11장)

3. 모세의 마지막 율법 교육 (신 12~26장)

4. 이어져야 할 언약 (신 27~30장)

5. 모세의 노래 (신 31~34장/ 시 90편)

## 하나님 마음으로 충전하기

"( ) 우리 하나님 여호와는 오직 유일한 여호와이시니 너는 마음을 다하고 뜻을 다하고 힘을 다하여 네 하나님 여호와를 ( )하라 오늘 내가 네게 명하는 이 말씀을 너는 마음에 새기고 네 ( )에게 부지런히 ( ) 집에 앉았을 때에든지 길을 갈 때에든지 ( ) 있을 때에든지 ( ) 때에든지 이 ( )을 강론할 것이며"(신 6:4~7)

"너를 ( ) 너를 주리게 하시며 또 너도 알지 못하며 네 조상들도 알지 못하던 ( )를 네게 먹이신 것은 사람이 떡으로만 사는 것이 아니요 여호와의 입에서 나오는 모든 ( )으로 사는 줄을 네가 알게 하려 하심이니라"(신 8:3)

"곧 내가 오늘 네게 명령하여 네 하나님 여호와를 사랑하고 그 모든 길로 행하며 그의 ( )과 ( )와 ( )를 지키라 하는 것이라 그리하면 네가 생존하며 번성할 것이요 또 네 하나님 여호와께서 네가 가서 차지할 땅에서 네게 ( )을 주실 것임이니라"(신 30:16)

## 통독성경 다섯 가지 포인트 필사하기

**58일** (통독성경 구약 p.340)

ㅇ 제목 ㅇ 범위

ㅇ 다섯 가지 포인트

①

②

③

④

⑤

## 59일 (통독성경 구약 p.346)

ㅇ 제목 ㅇ 범위

ㅇ 다섯 가지 포인트

①

②

③

④

⑤

## 60일 (통독성경 구약 p.353)

ㅇ 제목 ㅇ 범위

ㅇ 다섯 가지 포인트

①

②

③

④

⑤

## 61일 (통독성경 구약 p.357)

ㅇ 제목

ㅇ 범위

ㅇ 다섯 가지 포인트

①

②

③

④

⑤

## 62일 (통독성경 구약 p.364)

ㅇ 제목

ㅇ 범위

ㅇ 다섯 가지 포인트

①

②

③

④

⑤

## 63일 (통독성경 구약 p.368)

ㅇ 제목

ㅇ 범위

ㅇ 다섯 가지 포인트

①

②

③

④

⑤

## 64일 (통독성경 구약 p.374)

ㅇ 제목

ㅇ 범위

ㅇ 다섯 가지 포인트

①

②

③

④

⑤

## 65일 (통독성경 구약 p.380)

o 제목

o 범위

o 다섯 가지 포인트

①

②

③

④

⑤

## 66일 (통독성경 구약 p.386)

o 제목

o 범위

o 다섯 가지 포인트

①

②

③

④

⑤

## 67일 (통독성경 구약 p.395)

ㅇ 제목

ㅇ 범위

ㅇ 다섯 가지 포인트

①

②

③

④

⑤

## 68일 (통독성경 구약 p.402)

ㅇ 제목

ㅇ 범위

ㅇ 다섯 가지 포인트

①

②

③

④

⑤

## 69일 (통독성경 구약 p.407)

○ 제목 ○ 범위

○ 다섯 가지 포인트

①

②

③

④

⑤

## 70일 (통독성경 구약 p.413)

○ 제목 ○ 범위

○ 다섯 가지 포인트

①

②

③

④

⑤

## 신앙계승

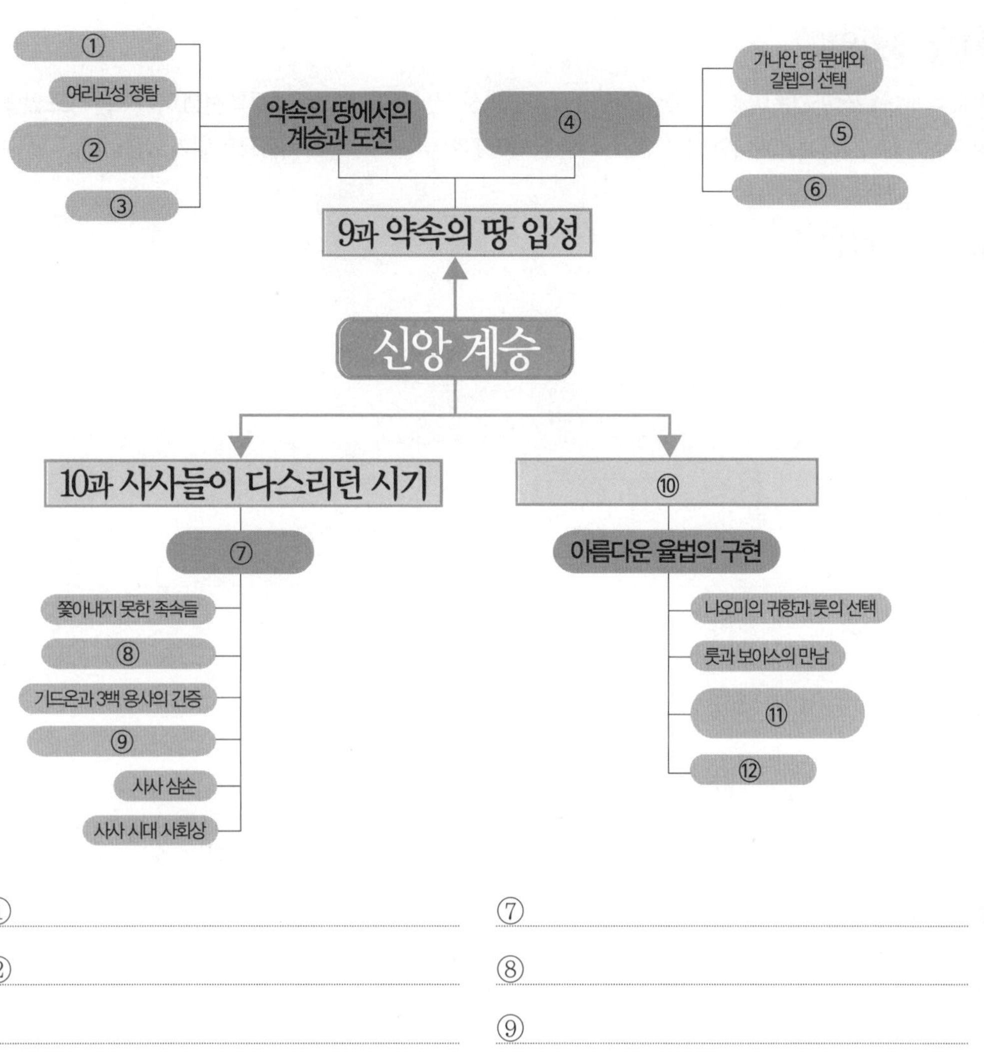
①
여리고성 정탐
②
③
약속의 땅에서의 계승과 도전
④
가나안 땅 분배와 갈렙의 선택
⑤
⑥
9과 약속의 땅 입성
신앙 계승
10과 사사들이 다스리던 시기
⑩
⑦
쫓아내지 못한 족속들
⑧
기드온과 3백 용사의 간증
⑨
사사 삼손
사사 시대 사회상
아름다운 율법의 구현
나오미의 귀향과 룻의 선택
룻과 보아스의 만남
⑪
⑫

① ______________________

② ______________________

______________________

③ ______________________

④ ______________________

⑤ ______________________

______________________

⑥ ______________________

⑦ ______________________

⑧ ______________________

⑨ ______________________

⑩ ______________________

⑪ ______________________

______________________

⑫ ______________________

______________________

《통성경 길라잡이》p.91 참조

# 09 약속의 땅 입성[수]

## 통通으로 외우기

① 여호수아 1~12장까지는 여호수아와 (                    )가 약 5년간 치른 (              ) 정복 전쟁 이야기를 담고 있습니다.
② 여호수아 13~24장에는 가나안 땅 (              )와 정착에 관한 이야기가 주요 내용으로 담겨 있습니다.

## 스토리 요약하기

1. 여호수아와 만나세대 (수 1장)

2. 여리고성 정탐 (수 2장)

3. 요단강을 마른 땅으로 밟고 건너다 (수 3~5장)

4. 가나안 점령 (수 6~12장)

5. 가나안 땅 분배와 갈렙의 선택 (수 13~19장)

6. 사명으로 흩어진 레위 지파 – 제사장 나라의 48개 관공서 (수 20~22장)

7. 여호수아의 마지막 당부 (수 23~24장)

## 하나님 마음으로 충전하기

"오직 강하고 극히 담대하여 나의 종 모세가 네게 명령한 그 율법을 다 지켜 행하고 우로나 좌로나 (                ) 말라 그리하면 어디로 가든지 형통하리니 이 (              )을 네 입에서 떠나지 말게 하며 (           )로 그것을 묵상하여 그 안에 기록된 대로 다 지켜 행하라 그리하면 네 길이 평탄하게 될 것이며 네가 형통하리라"(수 1:7-8)

"그러므로 스스로 조심하여 너희의 (                          )를 사랑하라"(수 23:11)

## 통독성경 다섯 가지 포인트 필사하기

**71일** (통독성경 구약 p.418)

○ 제목 ○ 범위

○ 다섯 가지 포인트

①

②

③

④

⑤

## 72일 (통독성경 구약 p.422)

ㅇ 제목 ㅇ 범위

ㅇ 다섯 가지 포인트

①

②

③

④

⑤

## 73일 (통독성경 구약 p.426)

ㅇ 제목 ㅇ 범위

ㅇ 다섯 가지 포인트

①

②

③

④

⑤

## 74일 (통독성경 구약 p.434)

ㅇ 제목 ㅇ 범위

ㅇ 다섯 가지 포인트

①

②

③

④

⑤

## 75일 (통독성경 구약 p.443)

ㅇ 제목 ㅇ 범위

ㅇ 다섯 가지 포인트

①

②

③

④

⑤

## 76일 (통독성경 구약 p.452)

ㅇ 제목

ㅇ 범위

ㅇ 다섯 가지 포인트

①

②

③

④

⑤

## 77일 (통독성경 구약 p.457)

ㅇ 제목

ㅇ 범위

ㅇ 다섯 가지 포인트

①

②

③

④

⑤

## 78일 (통독성경 구약 p.464)

o 제목

o 범위

o 다섯 가지 포인트

①

②

③

④

⑤

# 10 사사들이 다스리던 시기 삿

## 통通으로 외우기

①<사사기>는 (                ) 년간 이어지는 답답한 (                          ) 이야기입니다.
②<사사기>는 '제사장 나라 거룩한 시민'의 삶 대신 각자 (                      )에 옳은 대로 살아갔던 시대의 이야기입니다.
③ 제사장 나라 1,500년의 역사에서 사사 시대 350여 년은 '(                              )의 틀'이 유지된 시대였습니다.

## 스토리 요약하기

1. 쫓아내지 못한 족속들 (삿 1장~2:10)

2. 신앙 교육 소홀의 결과 (삿 2:11~5장)

3. 기드온과 3백 용사의 간증 (삿 6~9장)

4. 기대에 못 미치는 지도자 (삿 10~12장)

5. 사사 삼손 (삿 13~16장)

## 6. 사사 시대 사회상 (삿 17~21장)

### 하나님 마음으로 충전하기

"그 세대의 사람도 다 그 조상들에게로 돌아갔고 그 후에 일어난 (                )는 여호와를 알지 못하며 여호와께서 이스라엘을 위하여 행하신 일도 알지 못하였더라"(삿 2:10)

"기드온이 그들에게 이르되 내가 너희를 다스리지 아니하겠고 나의 아들도 너희를 다스리지 아니할 것이요 (            )께서 너희를 (                          ) 하니라"(삿 8:23)

### 통독성경 다섯 가지 포인트 필사하기

**79일** (통독성경 구약 p.469)

○ 제목 ○ 범위

○ 다섯 가지 포인트

①

②

③

④

⑤

## 80일 (통독성경 구약 p.473)

○ 제목 ○ 범위

○ 다섯 가지 포인트

①

②

③

④

⑤

## 81일 (통독성경 구약 p.481)

○ 제목 ○ 범위

○ 다섯 가지 포인트

①

②

③

④

⑤

## 82일 (통독성경 구약 p.487)

ㅇ 제목 ㅇ 범위

ㅇ 다섯 가지 포인트

①

②

③

④

⑤

## 83일 (통독성경 구약 p.494)

ㅇ 제목 ㅇ 범위

ㅇ 다섯 가지 포인트

①

②

③

④

⑤

## 84일 (통독성경 구약 p.501)

ㅇ 제목

ㅇ 범위

ㅇ 다섯 가지 포인트

①

②

③

④

⑤

## 85일 (통독성경 구약 p.510)

ㅇ 제목

ㅇ 범위

ㅇ 다섯 가지 포인트

①

②

③

④

⑤

## 86일 (통독성경 구약 p.514)

○ 제목 ○ 범위

○ 다섯 가지 포인트

①

②

③

④

⑤

# 11 교육의 성공 사례 룻

### 통通으로 외우기

①<룻기>는 (                    ) 때 일어난 '사막의 오아시스' 같은 사건을 기록하고 있습니다.

②<룻기>는 제사장 나라의 법 가운데 '계대결혼법'과 '(                              )의 법', 그리고 '(                    )'을 다루고 있습니다.

### 스토리 요약하기

1. 나오미의 귀향과 룻의 선택 (룻 1장)

2. 룻과 보아스의 만남 (룻 2장)

3. 룻과 보아스의 결혼 – 베들레헴 성문 재판 (룻 3장~4:17)

4. 보아스의 족보 (룻 4:18~22)

### 하나님 마음으로 충전하기

"(              )들이 치리하던 때에 그 땅에 흉년이 드니라 유다 (                    )에 한 사람이 그의 아내와 두 아들을 데리고 모압 지방에 가서 거류하였는데"(룻 1:1)

"마침 보아스가 베들레헴에서부터 와서 베는 자들에게 이르되 여호와께서 (　　　　　　　　)
하시기를 원하노라 하니 그들이 대답하되 여호와께서 (　　　　　　　　) 주시기를 원하나이다
하니라"(룻 2:4)

"여인들이 나오미에게 이르되 찬송할지로다 여호와께서 오늘 네게 (　　　　　　　　)가 없게 하지
아니하셨도다 이 아이의 이름이 이스라엘 중에 유명하게 되기를 원하노라"(룻 4:14)

"살몬은 (　　　　)를 낳았고 (　　　　)는 오벳을 낳았고 오벳은 이새를 낳고 이새는 (　　　　)을
낳았더라"(룻 4:21~22)

## ★ 통독성경 다섯 가지 포인트 필사하기

### 87일 (통독성경 구약 p.522)

ㅇ 제목　　　　　　　　　　　　　　　　ㅇ 범위

ㅇ 다섯 가지 포인트

①

②

③

④

⑤

# 통通트랙 2
# 왕정 500년

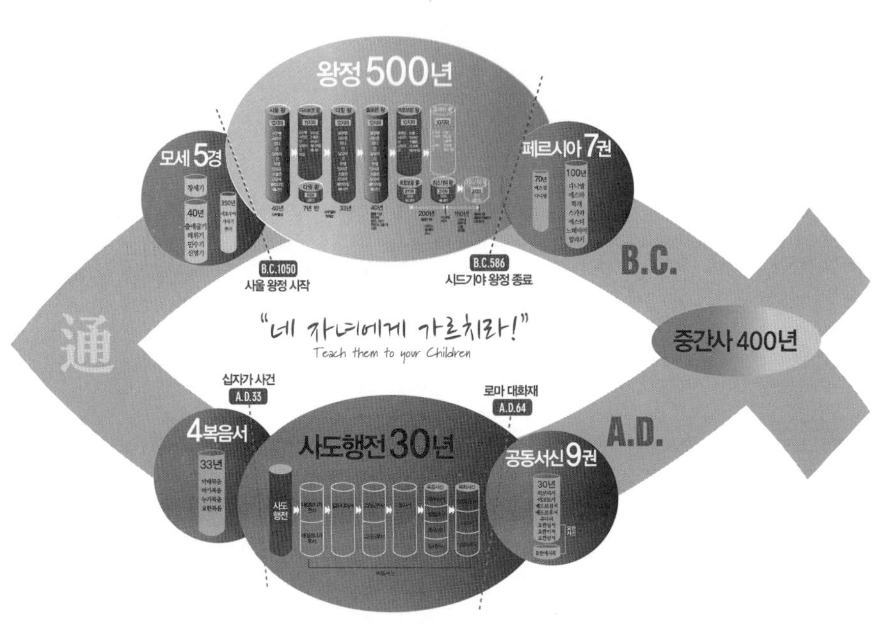

왕정 500년
모세 5경
페르시아 7권
B.C.1050
사울 왕정 시작
B.C.586
시드기야 왕정 종료
B.C.
通
"네 자녀에게 가르치라!"
Teach them to your Children
중간사 400년
십자가 사건
A.D.33
로마 대화재
A.D.64
A.D.
4복음서
사도행전 30년
공동서신 9권

# 통通성경 길라잡이
# 12~24과

| | |
|---|---|
| 12. 미스바세대 | 19. 요나의 기적 |
| 13. 왕정의 시작 | 20. 북이스라엘 멸망 |
| 14. 세 번의 기름 부음-제사장 나라 충성도 | 21. 메시아와 베들레헴의 목동 |
| 15. 하나님의 종 다윗 | 22. 남유다 멸망 |
| 16. 솔로몬과 시가서 | 23. 70년의 징계 |
| 17. 하늘 보석 욥 | 24. 역대기-재건세대 선물 |
| 18. 남북 분열 왕조 | |

# 왕정500년

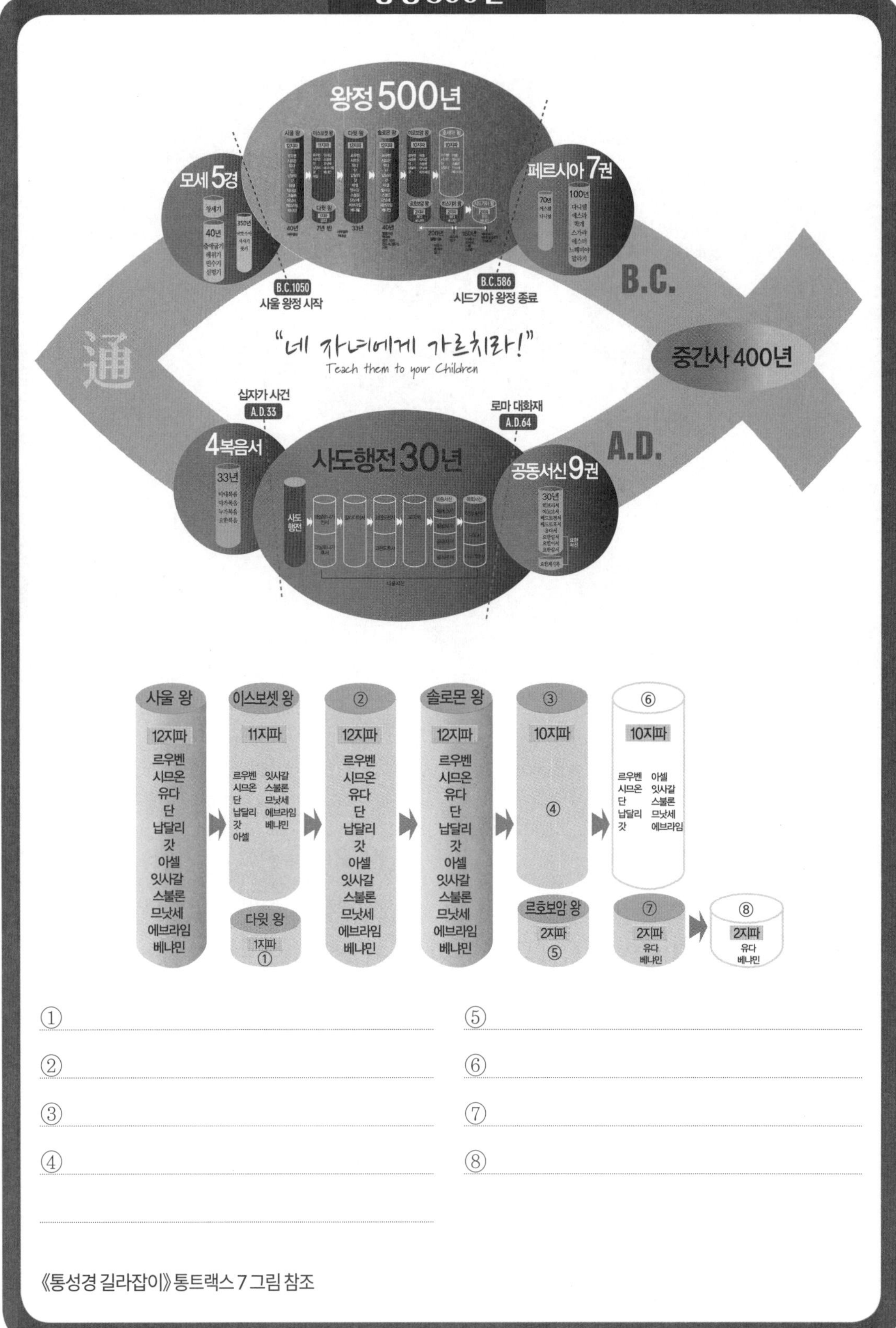

왕정 500년
모세 5경
창세기
40년
출애굽기
레위기
민수기
신명기
350년
여호수아
사사기
룻기
페르시아 7권
70년
100년
B.C.1050
사울 왕정 시작
B.C.586
시드기야 왕정 종료
B.C.
通
"네 자녀에게 가르치라!"
Teach them to your Children
중간사 400년
십자가 사건
A.D.33
로마 대화재
A.D.64
A.D.
4복음서
33년
마태복음
마가복음
누가복음
요한복음
사도행전30년
사도행전
공동서신9권
30년
사울 왕
12지파
르우벤
시므온
유다
단
납달리
갓
아셀
잇사갈
스불론
므낫세
에브라임
베냐민
이스보셋 왕
11지파
르우벤 잇사갈
시므온 스불론
단 므낫세
납달리 에브라임
갓 베냐민
아셀
다윗 왕
1지파
①
②
12지파
르우벤
시므온
유다
단
납달리
갓
아셀
잇사갈
스불론
므낫세
에브라임
베냐민
솔로몬 왕
12지파
르우벤
시므온
유다
단
납달리
갓
아셀
잇사갈
스불론
므낫세
에브라임
베냐민
③
10지파
④
르호보암 왕
2지파
⑤
⑥
10지파
르우벤 아셀
시므온 잇사갈
단 스불론
납달리 므낫세
갓 에브라임
⑦
2지파
유다
베냐민
⑧
2지파
유다
베냐민

① ______________________ ⑤ ______________________

② ______________________ ⑥ ______________________

③ ______________________ ⑦ ______________________

④ ______________________ ⑧ ______________________

______________________

《통성경 길라잡이》통트랙스 7 그림 참조

# 천년모범

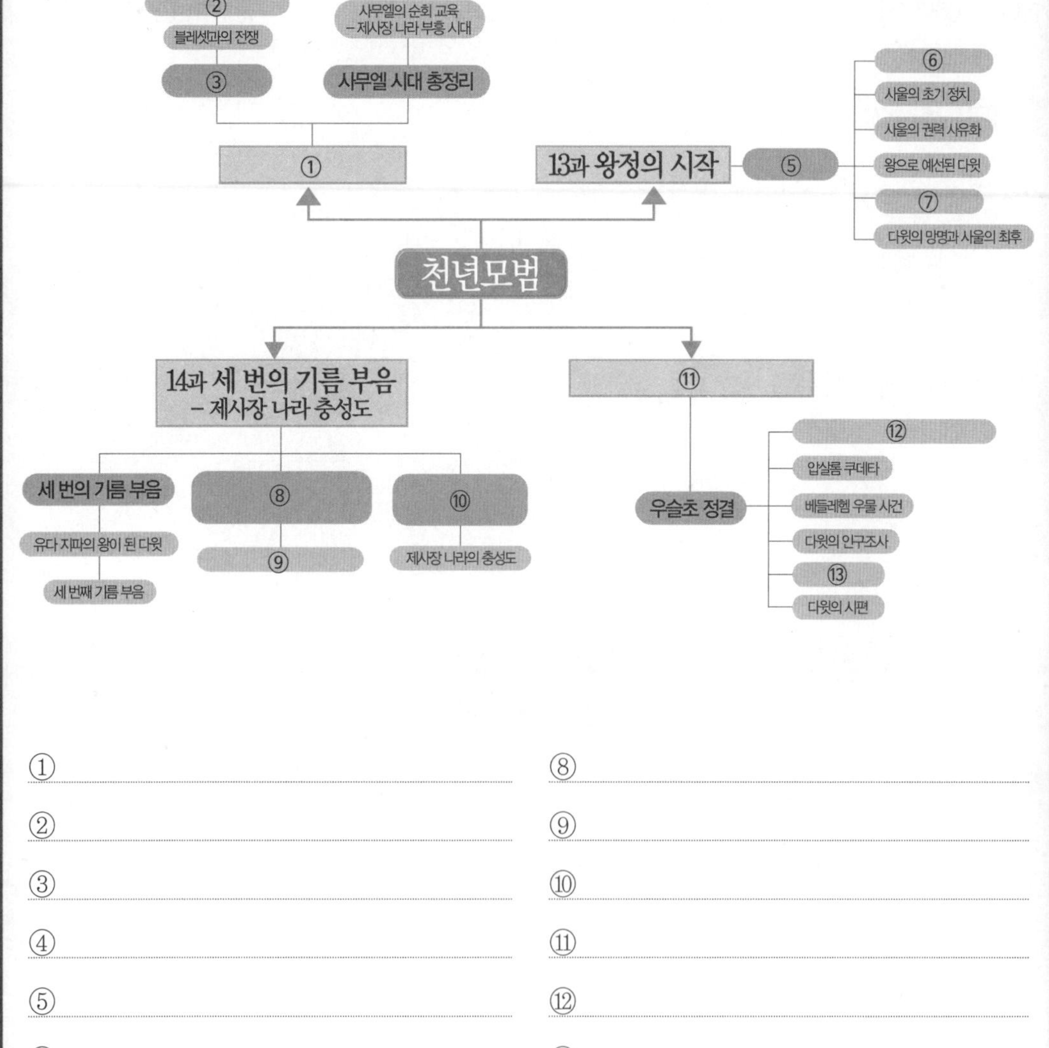
천년모범
①
한나와 제사장 나라 이야기
②
블레셋과의 전쟁
③
④
사무엘의 순회 교육 – 제사장 나라 부흥 시대
사무엘 시대 총정리
13과 왕정의 시작
⑤
⑥
사울의 초기 정치
사울의 권력 사유화
왕으로 예선된 다윗
⑦
다윗의 망명과 사울의 최후
14과 세 번의 기름 부음 – 제사장 나라 충성도
세 번의 기름 부음
유다 지파의 왕이 된 다윗
세 번째 기름 부음
⑧
⑨
⑩
제사장 나라의 충성도
⑪
우슬초 정결
⑫
압살롬 쿠데타
베들레헴 우물 사건
다윗의 인구조사
⑬
다윗의 시편

| | |
|---|---|
| ① | ⑧ |
| ② | ⑨ |
| ③ | ⑩ |
| ④ | ⑪ |
| ⑤ | ⑫ |
| ⑥ | ⑬ |
| ⑦ | |

《통성경 길라잡이》p.113 참조

# 12 미스바세대 삼상 1~7장

## 통通으로 외우기

①사무엘상 1~7장은 마지막 (　　　　　)인 (　　　　　　)의 활약 이야기입니다.

②한나는 900년 전 (　　　　　) 이야기와 500년 전 제사장 나라의 '(　　　　　　　　　　)'을 알고 있었습니다.

## 스토리 요약하기

1. 한나와 제사장 나라 이야기 (삼상 1장~2:11)

2. 준비된 한 사람, 사무엘 (삼상 2:12~3장)

3. 블레셋과의 전쟁 (삼상 4~6장)

4. 미스바세대의 탄생 (삼상 7:1~14)

5. 사무엘의 순회 교육 – 제사장 나라 부흥 시대 (삼상 7:15~17)

## 하나님 마음으로 충전하기

"한나가 마음이 괴로워서 여호와께 기도하고 통곡하며 (　　　　)하여 이르되 만군의 여호와여 만일 주의 여종의 고통을 돌보시고 나를 기억하사 주의 여종을 잊지 아니하시고 주의 여종에게 아들을 주시면 내가 그의 평생에 그를 (　　　　　　　　) 삭도를 그의 머리에 대지 아니하겠나이다"(삼상 1:10~11)

"사무엘이 이르되 온 이스라엘은 (　　　　)로 모이라 내가 너희를 위하여 여호와께 기도하리라 하매 그들이 (　　　　)에 모여 물을 길어 여호와 앞에 붓고 그 날 종일 금식하고 거기에서 이르되 우리가 여호와께 범죄하였나이다 하니라 사무엘이 (　　　　)에서 이스라엘 자손을 다스리니라"(삼상 7:5~6)

## 통독성경 다섯 가지 포인트 필사하기

### 88일 (통독성경 구약 p.529)

ㅇ 제목　　　　　　　　　　　　ㅇ 범위

ㅇ 다섯 가지 포인트

①

②

③

④

⑤

## 89일 (통독성경 구약 p.537)

○ 제목

○ 범위

○ 다섯 가지 포인트

①

②

③

④

⑤

# 13 왕정의 시작 삼상 8~31장

## 통通으로 외우기

① 사무엘상 8~31장은 왕정을 요구하는 이스라엘 백성의 말을 하나님께서 들어주심으로, 사무엘이 기름 부어 세운 이스라엘의 초대 왕 ( ) 이야기와 그 다음 왕으로 예선된 ( ) 이야기입니다.

② 다윗의 삶과 직접적인 연관이 있는 시편 34, 52, 54, 56, 57, 59, 142편 등의 ( ) 들을 함께 읽으면 좋습니다.

## 스토리 요약하기

1. 왕을 요구하는 백성 (삼상 8장)

2. 사울의 초기 정치 (삼상 9~12장)

3. 사울의 권력 사유화 (삼상 13~15장)

4. 왕으로 예선된 다윗 (삼상 16~17장)

5. 다윗의 도피 생활 (삼상 18~26장)

## 6. 다윗의 망명과 사울의 최후 (삼상 27~31장/ 삼하 1장)

### 하나님 마음으로 충전하기

"여호와께서 사무엘에게 이르시되 백성이 네게 한 말을 다 들으라 이는 그들이 너를 버림이 아니요 나를 버려 자기들의 (　　　)이 되지 못하게 함이니라"(삼상 8:7)

"또 여호와의 (　　　　　　)이 칼과 창에 있지 아니함을 이 무리에게 알게 하리라 (　　　　)은 (　　　　　)께 속한 것인즉 그가 너희를 우리 손에 넘기시리라"(삼상 17:47)

### 통독성경 다섯 가지 포인트 필사하기

**90일** (통독성경 구약 p.543)

ㅇ 제목　　　　　　　　　　　　　　ㅇ 범위

ㅇ 다섯 가지 포인트

①

②

③

④

⑤

## 91일 (통독성경 구약 p.549)

ㅇ 제목 ㅇ 범위

ㅇ 다섯 가지 포인트

①

②

③

④

⑤

## 92일 (통독성경 구약 p.553)

ㅇ 제목 ㅇ 범위

ㅇ 다섯 가지 포인트

①

②

③

④

⑤

## 93일 (통독성경 구약 p.560)

ㅇ 제목　　　　　ㅇ 범위

ㅇ 다섯 가지 포인트

①

②

③

④

⑤

## 94일 (통독성경 구약 p.565)

ㅇ 제목　　　　　ㅇ 범위

ㅇ 다섯 가지 포인트

①

②

③

④

⑤

## 95일 (통독성경 구약 p.572)

ㅇ 제목 ㅇ 범위

ㅇ 다섯 가지 포인트

①

②

③

④

⑤

## 96일 (통독성경 구약 p.575)

ㅇ 제목 ㅇ 범위

ㅇ 다섯 가지 포인트

①

②

③

④

⑤

## 97일 (통독성경 구약 p.582)

ㅇ 제목 ㅇ 범위

ㅇ 다섯 가지 포인트

①

②

③

④

⑤

## 98일 (통독성경 구약 p.585)

ㅇ 제목 ㅇ 범위

ㅇ 다섯 가지 포인트

①

②

③

④

⑤

## 99일 (통독성경 구약 p.590)

ㅇ 제목 ㅇ 범위

ㅇ 다섯 가지 포인트

①

②

③

④

⑤

## 100일 (통독성경 구약 p.597)

ㅇ 제목 ㅇ 범위

ㅇ 다섯 가지 포인트

①

②

③

④

⑤

# 14 세 번의 기름 부음-제사장 나라 충성도 삼하 1~10장

## 통通으로 외우기

①(　　　　)이 죽은 후, (　　　　　　)의 이야기가 본격적으로 펼쳐집니다.

②사무엘하 1~10장은 시편 (　　　　　) 등과 함께합니다.

## 스토리 요약하기

1. 유다 지파의 왕이 된 다윗 (삼하 1~2장)

2. 세 번째 기름 부음 (삼하 3장~5:5)

3. 통일 왕국의 왕 다윗의 업적 (삼하 5:6~6장)

4. 제사장 나라의 충성도 (삼하 7~10장)

## 하나님 마음으로 충전하기

"이에 (　　　　　　　　　　　　　)가 헤브론에 이르러 왕에게 나아오매 다윗 왕이 헤브론에서 여호와 앞에 그들과 언약을 맺으매 그들이 다윗에게 (　　　　　)을 부어 이스라엘 왕으로 삼으니라"(삼하 5:3)

"여호와께서 주위의 모든 원수를 무찌르사 왕으로 궁에 (　　　　　　) 살게 하신 때에 왕이 선지자 나단에게 이르되 볼지어다 나는 백향목 궁에 살거늘 (　　　　　　　　　　)는 (　　　　) 가운데에 있도다 나단이 왕께 아뢰되 여호와께서 왕과 함께 계시니 마음에 있는 모든 것을 행하소서 하니라"(삼하 7:1~3)

"네 수한이 차서 네 조상들과 함께 누울 때에 내가 네 몸에서 날 네 씨를 네 뒤에 세워 그의 나라를 견고하게 하리라 그는 내 이름을 위하여 (　　　　　　) 것이요 나는 그의 나라 왕위를 (　　　　) 견고하게 하리라"(삼하 7:12~13)

## ★ 통독성경 다섯 가지 포인트 필사하기

### 101일 (통독성경 구약 p.605)

○ 제목　　　　　　　　　　○ 범위

○ 다섯 가지 포인트

①

②

③

④

⑤

## 102일 (통독성경 구약 p.609)

ㅇ 제목

ㅇ 범위

ㅇ 다섯 가지 포인트

①

②

③

④

⑤

## 103일 (통독성경 구약 p.615)

ㅇ 제목

ㅇ 범위

ㅇ 다섯 가지 포인트

①

②

③

④

⑤

## 104일 (통독성경 구약 p.618)

o 제목

o 범위

o 다섯 가지 포인트

①

②

③

④

⑤

# 15 하나님의 종 다윗 삼하 11~24장, 왕상 1~2장

## 통通으로 외우기

① 사무엘하 1~10장에 이어 11~24장과 열왕기상 1~2장은 (　　　　　　)이 왕이 된 때부터 죽기까지의 이야기입니다.
② 이 시대와 함께 읽을 (　　　　　　)은 3, 7, 51, 63편입니다.
③ 이스라엘의 두 번째 왕 다윗은 '제사장 나라의 (　　　　　　　　　　)'이자 하나님의 (　　　)이었습니다.

## 스토리 요약하기

1. 우슬초 정결 – 제사장 나라 시민 다윗 (삼하 11~12장)

2. 압살롬 쿠데타 (삼하 13~20장)

3. 베들레헴 우물 사건 (삼하 21~23장)

4. 다윗의 인구조사 (삼하 24장)

5. 다윗의 유언 (왕상 1~2장)

6. 다윗의 시편 (시)

## 하나님 마음으로 충전하기

"다윗이 나단에게 이르되 내가 (                              ) 하매 나단이 다윗에게 말하되 여호와께서도 당신의 죄를 사하셨나니 당신이 죽지 아니하려니와"(삼하 12:13)

"다윗이 죽을 날이 임박하매 그의 아들 (            )에게 명령하여 이르되 내가 이제 세상 모든 사람이 가는 길로 가게 되었노니 너는 힘써 대장부가 되고 네 하나님 여호와의 (          )을 지켜 그 길로 행하여 그 법률과 계명과 율례와 증거를 모세의 (          )에 기록된 대로 (          ) 그리하면 네가 무엇을 하든지 어디로 가든지 (          )할지라"(왕상 2:1~3)

"나의 (          )이시요 나의 구속자이신 여호와여 내 입의 (          )과 마음의 (          )이 주님 앞에 열납되기를 원하나이다"(시 19:14)

## 통독성경 다섯 가지 포인트 필사하기

### 105일 (통독성경 구약 p.624)

○ 제목

○ 범위

○ 다섯 가지 포인트

①

②

③

④

⑤

## 106일 (통독성경 구약 p.631)

o 제목 o 범위

o 다섯 가지 포인트

①

②

③

④

⑤

## 107일 (통독성경 구약 p.637)

o 제목 o 범위

o 다섯 가지 포인트

①

②

③

④

⑤

## 108일 (통독성경 구약 p.641)

o 제목

o 범위

o 다섯 가지 포인트

①

②

③

④

⑤

## 109일 (통독성경 구약 p.646)

o 제목

o 범위

o 다섯 가지 포인트

①

②

③

④

⑤

## 110일 (통독성경 구약 p.655)

ㅇ 제목 ㅇ 범위

ㅇ 다섯 가지 포인트

①

②

③

④

⑤

## 111일 (통독성경 구약 p.660)

ㅇ 제목 ㅇ 범위

ㅇ 다섯 가지 포인트

①

②

③

④

⑤

## 112일 (통독성경 구약 p.666)

○ 제목 ○ 범위

○ 다섯 가지 포인트

①

②

③

④

⑤

6마당

## 마음과 지혜

①
열방을 향한 성전
솔로몬의 통치 전반기
②
③
솔로몬의 사랑 노래
④
솔로몬의 통치 후반기
⑤
찬양의 책 – 시편
마음과 지혜
17과 하늘 보석 욥
⑥
하나님의 자랑 욥
NO! 시작은 미약하였으나
욥의 세 친구의 질문
⑦
욥, and NEXT

①

②

③

④

⑤

⑥

⑦

《통성경 길라잡이》p.141 참조

# 16 솔로몬과 시가서 왕상 3~11장, 잠, 아, 전, 시

## 통通으로 외우기

① 열왕기상 3~10장에는 솔로몬의 통치 (                ) 내용이 기록되어 있습니다. 이때 솔로몬이 지은 시편 72편, 127편, 그리고 (                ), (                )를 함께 읽습니다.

② 솔로몬 통치 (                )인 열왕기상 11장과 솔로몬이 생의 후반에 남긴 (                )를 함께 읽습니다.

③ 솔로몬의 시가서를 읽은 후 대부분의 <시편>도 이 부분에서 함께 읽습니다.

## 스토리 요약하기

1. 솔로몬의 통치 전반기 (왕상 3~4장)

2. 열방을 향한 성전 (왕상 5~10장)

3. 솔로몬의 지혜서 (잠 1~31장)

4. 솔로몬의 사랑 노래 (아 1~8장)

5. 솔로몬의 통치 후반기 (왕상 11장)

6. 솔로몬의 마지막 당부 (전 1~12장)

7. 찬양의 책 – 시편 (시)

## 하나님 마음으로 충전하기

"또 주의 백성 이스라엘에 속하지 아니한 자 곧 주의 이름을 위하여 먼 지방에서 온 (　　　　)이라도 그들이 주의 크신 이름과 주의 능한 손과 주의 펴신 팔의 소문을 듣고 와서 이 (　　　　)을 향하여 기도하거든"(왕상 8:41~42)

"여호와를 (　　　　)하는 것이 지식의 근본이거늘 미련한 자는 지혜와 훈계를 멸시하느니라"(잠 1:7)

## 통독성경 다섯 가지 포인트 필사하기

**113일** (통독성경 구약 p.674)

○ 제목　　○ 범위

○ 다섯 가지 포인트

①

②

③

④

⑤

## 114일 (통독성경 구약 p.678)

ㅇ 제목　　　　　　　　　　ㅇ 범위

ㅇ 다섯 가지 포인트

①

②

③

④

⑤

## 115일 (통독성경 구약 p.686)

ㅇ 제목　　　　　　　　　　ㅇ 범위

ㅇ 다섯 가지 포인트

①

②

③

④

⑤

## 116일 (통독성경 구약 p.692)

○ 제목 ○ 범위

○ 다섯 가지 포인트

①

②

③

④

⑤

## 117일 (통독성경 구약 p.696)

○ 제목 ○ 범위

○ 다섯 가지 포인트

①

②

③

④

⑤

## 118일 (통독성경 구약 p.703)

ㅇ 제목 ㅇ 범위

ㅇ 다섯 가지 포인트

①

②

③

④

⑤

## 119일 (통독성경 구약 p.708)

ㅇ 제목 ㅇ 범위

ㅇ 다섯 가지 포인트

①

②

③

④

⑤

## 120일 (통독성경 구약 p.718)

o 제목 o 범위

o 다섯 가지 포인트

①

②

③

④

⑤

## 121일 (통독성경 구약 p.726)

o 제목 o 범위

o 다섯 가지 포인트

①

②

③

④

⑤

## 122일 (통독성경 구약 p.732)

○ 제목 ○ 범위

○ 다섯 가지 포인트

①

②

③

④

⑤

## 123일 (통독성경 구약 p.740)

○ 제목 ○ 범위

○ 다섯 가지 포인트

①

②

③

④

⑤

## 124일 (통독성경 구약 p.743)

○ 제목 ○ 범위

○ 다섯 가지 포인트

①

②

③

④

⑤

## 125일 (통독성경 구약 p.747)

○ 제목 ○ 범위

○ 다섯 가지 포인트

①

②

③

④

⑤

## 126일 (통독성경 구약 p.751)

ㅇ 제목 ㅇ 범위

ㅇ 다섯 가지 포인트

①

②

③

④

⑤

## 127일 (통독성경 구약 p.755)

ㅇ 제목 ㅇ 범위

ㅇ 다섯 가지 포인트

①

②

③

④

⑤

## 128일 (통독성경 구약 p.760)

ㅇ 제목 ㅇ 범위

ㅇ 다섯 가지 포인트

①

②

③

④

⑤

## 129일 (통독성경 구약 p.765)

ㅇ 제목 ㅇ 범위

ㅇ 다섯 가지 포인트

①

②

③

④

⑤

**130~140일은 <17과>에서 통독합니다.**

## 141일 (통독성경 구약 p.830)

ㅇ 제목 ㅇ 범위

ㅇ 다섯 가지 포인트

①

②

③

④

⑤

## 142일 (통독성경 구약 p.835)

ㅇ 제목 ㅇ 범위

ㅇ 다섯 가지 포인트

①

②

③

④

⑤

## 143일 (통독성경 구약 p.843)

ㅇ 제목　　　　　　　　　　　　　　　　　ㅇ 범위

ㅇ 다섯 가지 포인트

①

②

③

④

⑤

## 144일 (통독성경 구약 p.851)

ㅇ 제목　　　　　　　　　　　　　　　　　ㅇ 범위

ㅇ 다섯 가지 포인트

①

②

③

④

⑤

## 145일 (통독성경 구약 p.856)

ㅇ 제목 ㅇ 범위

ㅇ 다섯 가지 포인트

①

②

③

④

⑤

## 146일 (통독성경 구약 p.865)

ㅇ 제목 ㅇ 범위

ㅇ 다섯 가지 포인트

①

②

③

④

⑤

## 147일 (통독성경 구약 p.874)

o 제목

o 범위

o 다섯 가지 포인트

①

②

③

④

⑤

## 148일 (통독성경 구약 p.882)

o 제목

o 범위

o 다섯 가지 포인트

①

②

③

④

⑤

## 149일 (통독성경 구약 p.890)

ㅇ 제목　　　　ㅇ 범위

ㅇ 다섯 가지 포인트

①

②

③

④

⑤

## 150일 (통독성경 구약 p.899)

ㅇ 제목　　　　ㅇ 범위

ㅇ 다섯 가지 포인트

①

②

③

④

⑤

## 151일 (통독성경 구약 p.904)

○ 제목　　　　　○ 범위

○ 다섯 가지 포인트

①

②

③

④

⑤

## 152일 (통독성경 구약 p.910)

○ 제목　　　　　○ 범위

○ 다섯 가지 포인트

①

②

③

④

⑤

## 153일 (통독성경 구약 p.918)

ㅇ 제목 ㅇ 범위

ㅇ 다섯 가지 포인트

①

②

③

④

⑤

## 154일 (통독성경 구약 p.926)

ㅇ 제목 ㅇ 범위

ㅇ 다섯 가지 포인트

①

②

③

④

⑤

## 155일 (통독성경 구약 p.937)

○ 제목 ○ 범위

○ 다섯 가지 포인트

①

②

③

④

⑤

## 156일 (통독성경 구약 p.945)

○ 제목 ○ 범위

○ 다섯 가지 포인트

①

②

③

④

⑤

## 157일 (통독성경 구약 p.951)

○ 제목 ○ 범위

○ 다섯 가지 포인트

①

②

③

④

⑤

## 158일 (통독성경 구약 p.958)

○ 제목 ○ 범위

○ 다섯 가지 포인트

①

②

③

④

⑤

# 17 하늘 보석 욥[욥]

## 통通으로 외우기

①(　　　　　)는 <시편>, <잠언>, <아가> 등과 같이 시가서로 분류되므로, 지혜 문학의 연장선상에서 다른 시가서와 함께 읽기 위해 이곳에 배치했습니다.

②욥은 아브라함과 비슷한 (　　　　　) 시대의 사람입니다. 그래서 <창세기>와 같이 읽어도 좋습니다.

③<욥기>는 동서고금을 막론하고 가장 위대한 '시'이자 '(　　　　　)'으로 평가받습니다.

## 스토리 요약하기

1. 하나님의 자랑 욥 (욥 1~3장)

2. 욥의 세 친구의 질문 (욥 4~37장)

3. 하나님의 질문 (욥 38~41장)

4. 욥, and NEXT (욥 42장)

## 하나님 마음으로 충전하기

"여호와께서 사탄에게 이르시되 네가 (　　　　　　　)을 주의하여 보았느냐 그와 같이 온전하고 정직하여 하나님을 (　　　　　)하며 악에서 떠난 자는 세상에 없느니라"(욥 1:8)

"욥이 일어나 겉옷을 찢고 머리털을 밀고 땅에 엎드려 예배하며 이르되 내가 모태에서 알몸으로 나왔사온즉 또한 알몸이 그리로 돌아가올지라 (　　　　　)도 여호와시요 (　　　　　)도 여호와시오니 여호와의 이름이 (　　　　)을 받으실지니이다 하고 이 모든 일에 욥이 범죄하지 아니하고 하나님을 향하여 원망하지 아니하니라"(욥 1:20~22)

"그러나 내가 가는 길을 그가 아시나니 그가 나를 (　　　　)하신 후에는 내가 (　　　　) 같이 되어 나오리라"(욥 23:10)

"너는 대장부처럼 허리를 묶고 내가 네게 묻는 것을 대답할지니라 내가 땅의 (　　　　)를 놓을 때에 네가 어디 있었느냐 네가 깨달아 알았거든 말할지니라"(욥 38:3~4)

## ★ 통독성경 다섯 가지 포인트 필사하기

### 130일 (통독성경 구약 p.771)

○ 제목　　　　○ 범위

○ 다섯 가지 포인트

①

②

③

④

⑤

## 131일 (통독성경 구약 p.776)

ㅇ 제목 ㅇ 범위

ㅇ 다섯 가지 포인트

①

②

③

④

⑤

## 132일 (통독성경 구약 p.781)

ㅇ 제목 ㅇ 범위

ㅇ 다섯 가지 포인트

①

②

③

④

⑤

## 133일 (통독성경 구약 p.786)

○ 제목 ○ 범위

○ 다섯 가지 포인트

①

②

③

④

⑤

## 134일 (통독성경 구약 p.791)

○ 제목 ○ 범위

○ 다섯 가지 포인트

①

②

③

④

⑤

## 135일 (통독성경 구약 p.795)

ㅇ 제목 ㅇ 범위

ㅇ 다섯 가지 포인트

①

②

③

④

⑤

## 136일 (통독성경 구약 p.798)

ㅇ 제목 ㅇ 범위

ㅇ 다섯 가지 포인트

①

②

③

④

⑤

## 137일 (통독성경 구약 p.801)

ㅇ 제목 ㅇ 범위

ㅇ 다섯 가지 포인트

①

②

③

④

⑤

## 138일 (통독성경 구약 p.805)

ㅇ 제목 ㅇ 범위

ㅇ 다섯 가지 포인트

①

②

③

④

⑤

## 139일 (통독성경 구약 p.813)

ㅇ 제목 ㅇ 범위

ㅇ 다섯 가지 포인트

①

②

③

④

⑤

## 140일 (통독성경 구약 p.822)

ㅇ 제목 ㅇ 범위

ㅇ 다섯 가지 포인트

①

②

③

④

⑤

7마당

## 사랑의 줄, 사명의 줄

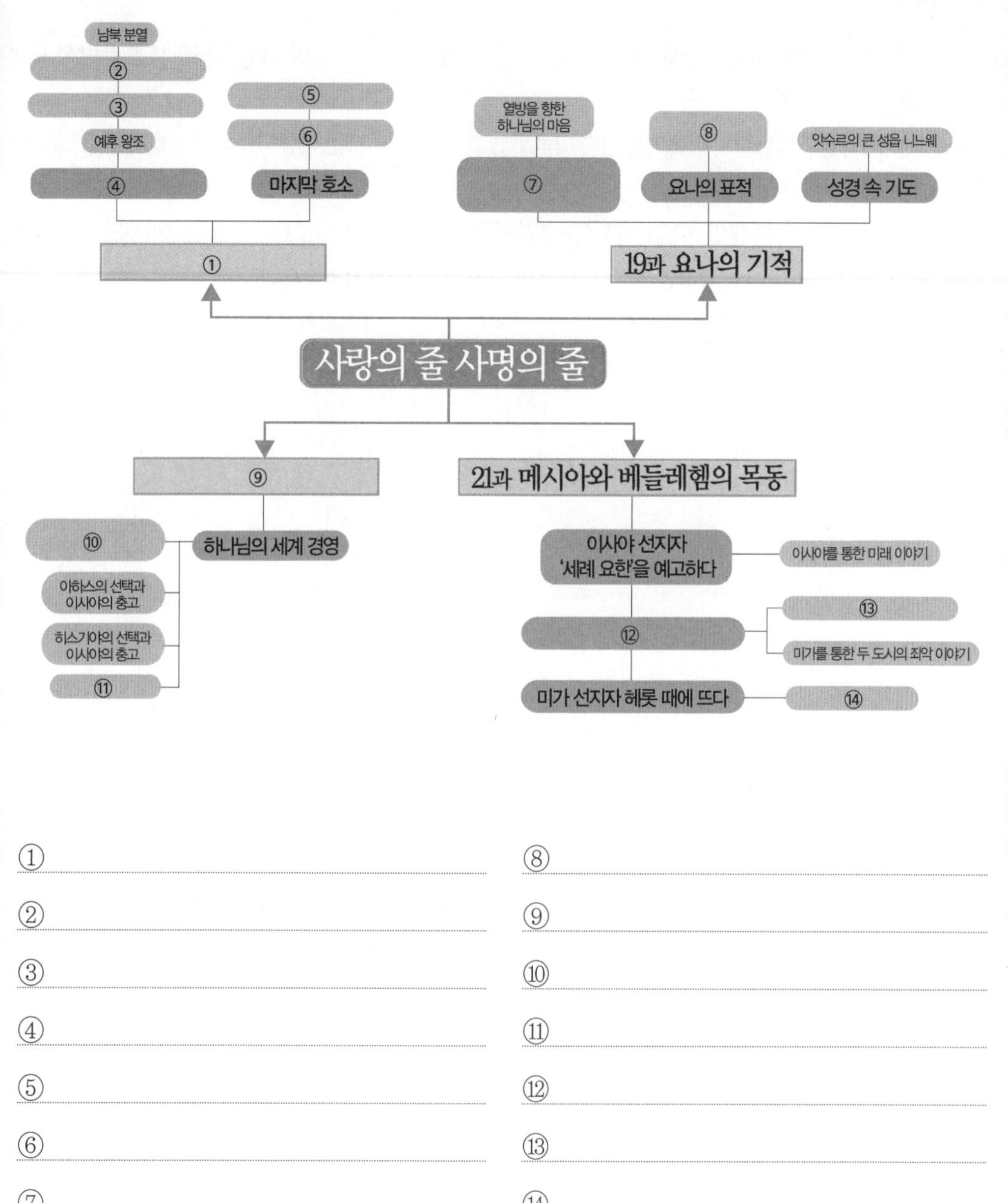

남북 분열
②
③
예후 왕조
④
⑤
⑥
마지막 호소
①
열방을 향한
하나님의 마음
⑦
⑧
요나의 표적
앗수르의 큰 성읍 니느웨
성경 속 기도
19과 요나의 기적
사랑의 줄 사명의 줄
⑨
하나님의 세계 경영
⑩
아하스의 선택과
이사야의 충고
히스기야의 선택과
이사야의 충고
⑪
21과 메시아와 베들레헴의 목동
이사야 선지자
'세례 요한'을 예고하다
이사야를 통한 미래 이야기
⑫
⑬
미가를 통한 두 도시의 죄악 이야기
미가 선지자 헤롯 때에 뜨다
⑭

① ........................ ⑧ ........................

② ........................ ⑨ ........................

③ ........................ ⑩ ........................

④ ........................ ⑪ ........................

⑤ ........................ ⑫ ........................

⑥ ........................ ⑬ ........................

⑦ ........................ ⑭ ........................

《통성경 길라잡이》p.159 참조

# 18 남북 분열 왕조 왕상 12~22장, 왕하 1~14장, 암, 호

## 통通으로 외우기

① 솔로몬의 아들 르호보암 때에 이스라엘이 (　　　　　　)과 (　　　　　　)로 나뉘게 되면서 분열 왕국 시대가 시작됩니다.

② 열왕기는 북이스라엘과 남유다의 이야기를 함께 다루고 있고, (　　　　　　)는 남유다만의 역사를 다루고 있습니다. <역대상·하>는 24과를 통해 살펴봅니다.

③ 18과에는 B.C.931년의 남북 분열 이후부터 B.C.8세기 중엽 북이스라엘의 여로보암 2세 시대까지의 이야기가 담겨 있습니다. 이 기간에 (　　　　　　)와 (　　　　　　)가 북이스라엘에서 사역했습니다.

④ 북이스라엘의 여로보암 2세 때(B.C.8세기), (　　　　　　)와 (　　　　　　) 선지자가 북이스라엘에서 사역했습니다.

## 스토리 요약하기

1. 남북 분열 (왕상 12장~16:20)

2. 오므리 왕조와 엘리야의 사역 (왕상 16:21~22장/ 왕하 1장)

3. 오므리 왕조와 엘리사의 사역 (왕하 2~8장)

4. 예후 왕조 (왕하 9~14장)

5. 예후 왕조와 아모스의 사역 (암 1~9장)

## 6. 예후 왕조와 호세아의 사역 (호 1~14장)

### 하나님 마음으로 충전하기

"여로보암에게 이르되 너는 열 조각을 가지라 이스라엘의 하나님 여호와의 말씀이 내가 이 나라를 솔로몬의 손에서 찢어 빼앗아 (                ) 를 네게 주고 오직 (                        )을 위하고 이스라엘 모든 지파 중에서 택한 성읍 (                    )을 위하여 한 지파를 솔로몬에게 주리니"(왕상 11:31~32)

"그러므로 우리가 (                                ) 힘써 여호와를 알자 그의 나타나심은 새벽 빛 같이 어김없나니 비와 같이, 땅을 적시는 늦은 비와 같이 우리에게 임하시리라 하니라"(호 6:3)

### 통독성경 다섯 가지 포인트 필사하기

**159일** (통독성경 구약 p.964)

○ 제목　　　　　　　　　○ 범위

○ 다섯 가지 포인트

①

②

③

④

⑤

## 160일 (통독성경 구약 p.972)

○ 제목 ○ 범위

○ 다섯 가지 포인트

①

②

③

④

⑤

## 161일 (통독성경 구약 p.976)

○ 제목 ○ 범위

○ 다섯 가지 포인트

①

②

③

④

⑤

## 162일 (통독성경 구약 p.980)

ㅇ 제목

ㅇ 범위

ㅇ 다섯 가지 포인트

①

②

③

④

⑤

## 163일 (통독성경 구약 p.985)

ㅇ 제목

ㅇ 범위

ㅇ 다섯 가지 포인트

①

②

③

④

⑤

## 164일 (통독성경 구약 p.996)

○ 제목 ○ 범위

○ 다섯 가지 포인트

①

②

③

④

⑤

## 165일 (통독성경 구약 p.1000)

○ 제목 ○ 범위

○ 다섯 가지 포인트

①

②

③

④

⑤

## 166일 (통독성경 구약 p.1009)

○ 제목 ○ 범위

○ 다섯 가지 포인트

①

②

③

④

⑤

## 167일 (통독성경 구약 p.1016)

○ 제목 ○ 범위

○ 다섯 가지 포인트

①

②

③

④

⑤

## 168일 (통독성경 구약 p.1023)

○ 제목 ○ 범위

○ 다섯 가지 포인트

①

②

③

④

⑤

## 169일 (통독성경 구약 p.1031)

○ 제목 ○ 범위

○ 다섯 가지 포인트

①

②

③

④

⑤

## 170일 (통독성경 구약 p.1038)

ㅇ 제목 ㅇ 범위

ㅇ 다섯 가지 포인트

①

②

③

④

⑤

## 171일 (통독성경 구약 p.1043)

ㅇ 제목 ㅇ 범위

ㅇ 다섯 가지 포인트

①

②

③

④

⑤

## 172일 (통독성경 구약 p.1048)

ㅇ 제목 ㅇ 범위

ㅇ 다섯 가지 포인트

①

②

③

④

⑤

## 173일 (통독성경 구약 p.1054)

ㅇ 제목 ㅇ 범위

ㅇ 다섯 가지 포인트

①

②

③

④

⑤

# 19 요나의 기적 욘

## 통通으로 외우기

① B.C.8세기 아모스, 호세아 선지자가 북이스라엘에서 활동하던 동시대에 (　　　　　) 선지자는 (　　　　　　)의 큰 성읍 (　　　　　　)에서 사역했습니다.

② <요나>를 통해 (　　　　　　　　)을 구원하고자 하시는 하나님의 (　　　　　)을 읽습니다.

## 스토리 요약하기

1. 열방을 향한 하나님의 마음 (욘 1:1~2)

2. 선지자 요나와 물고기 배 속 3일 (욘 1:3~2장)

3. 앗수르의 큰 성읍 니느웨 (욘 3~4장)

## 하나님 마음으로 충전하기

"여호와의 말씀이 아밋대의 아들 요나에게 임하니라 이르시되 너는 일어나 저 큰 성읍 (　　　　　　)로 가서 그것을 향하여 외치라 그 악독이 내 앞에 상달되었음이니라 하시니라"(욘 1:1~2)

"여호와께서 이미 (　　　　　　　　)를 예비하사 요나를 삼키게 하셨으므로 요나가 밤낮 (　　　　　)을 물고기 뱃속에 있으니라"(욘 1:17)

"여호와께서 이르시되 네가 수고도 아니하였고 재배도 아니하였고 하룻밤에 났다가 하룻밤에 말라버린 이 박넝쿨을 아꼈거든 하물며 이 큰 성읍 (　　　　　　　　)에는 좌우를 분변하지 못하는 자가 십이만여 명이요 가축도 많이 있나니 내가 어찌 (　　　　　　) 아니하겠느냐 하시니라"(욘 4:10~11)

## 통독성경 다섯 가지 포인트 필사하기

### 174일 (통독성경 구약 p.1059)

ㅇ 제목 ㅇ 범위

ㅇ 다섯 가지 포인트

①

②

③

④

⑤

# 20 북이스라엘 멸망 왕하 15~20장, 사 1~39장

## 통通으로 외우기

①<열왕기하>에는 서서히 국운을 다해가는 (                    )의 마지막 모습들이 기록되어 있습니다. 열왕기하 17장은 (                    )의 멸망 이야기입니다.

②B.C.8세기 남유다의 왕은 아하스였고, 이때 (                )와 (                ) 선지자가 활동을 시작합니다.

## 스토리 요약하기

1. 북이스라엘의 멸망과 이사야의 사명 (왕하 15장 / 사 1~6장)

2. 아하스의 선택과 이사야의 충고 (왕하 16~17장 / 사 7~14장)

3. 히스기야의 선택과 이사야의 충고 (왕하 18~19장/ 사 15~37장)

4. 히스기야의 기도 (왕하 20장/ 사 38~39장)

## 하나님 마음으로 충전하기

"내가 나와 나의 종 다윗을 위하여 이 성을 보호하여 (                    )하리라 하셨나이다 하였더라 이 밤에 여호와의 사자가 나와서 (            ) 진영에서 군사 (                    ) 명을 친지라 아침에 일찍이 일어나 보니 다 송장이 되었더라"(왕하 19:34~35)

## ✪ 통독성경 다섯 가지 포인트 필사하기

### 175일 (통독성경 구약 p.1063)

ㅇ 제목 ㅇ 범위

ㅇ 다섯 가지 포인트

①

②

③

④

⑤

### 176일 (통독성경 구약 p.1068)

ㅇ 제목 ㅇ 범위

ㅇ 다섯 가지 포인트

①

②

③

④

⑤

## 177일 (통독성경 구약 p.1072)

ㅇ 제목

ㅇ 범위

ㅇ 다섯 가지 포인트

①

②

③

④

⑤

## 178일 (통독성경 구약 p.1078)

ㅇ 제목

ㅇ 범위

ㅇ 다섯 가지 포인트

①

②

③

④

⑤

## 179일 (통독성경 구약 p.1083)

ㅇ 제목 ㅇ 범위

ㅇ 다섯 가지 포인트

①

②

③

④

⑤

## 180일 (통독성경 구약 p.1091)

ㅇ 제목 ㅇ 범위

ㅇ 다섯 가지 포인트

①

②

③

④

⑤

## 181일 (통독성경 구약 p.1098)

ㅇ 제목

ㅇ 범위

ㅇ 다섯 가지 포인트

①

②

③

④

⑤

## 182일 (통독성경 구약 p.1101)

ㅇ 제목

ㅇ 범위

ㅇ 다섯 가지 포인트

①

②

③

④

⑤

## 183일 (통독성경 구약 p.1107)

ㅇ 제목

ㅇ 범위

ㅇ 다섯 가지 포인트

①

②

③

④

⑤

## 184일 (통독성경 구약 p.1115)

ㅇ 제목

ㅇ 범위

ㅇ 다섯 가지 포인트

①

②

③

④

⑤

## 185일 (통독성경 구약 p.1124)

ㅇ 제목 ㅇ 범위

ㅇ 다섯 가지 포인트

①

②

③

④

⑤

## 186일 (통독성경 구약 p.1129)

ㅇ 제목 ㅇ 범위

ㅇ 다섯 가지 포인트

①

②

③

④

⑤

## 187일 (통독성경 구약 p.1135)

o 제목 o 범위

o 다섯 가지 포인트

①

②

③

④

⑤

# 21 메시아와 베들레헴의 목동 사 40~66장, 미

## 통通으로 외우기

① B.C.8세기 남유다에서 활동한 (　　　　　　)와 (　　　　　) 선지자는 그 시대를 향한 하나님의 말씀과 오실 메시아에 대해 예언함으로(　　　　　　　)를 기대하게 했습니다.

## 스토리 요약하기

1. 이사야를 통한 미래 이야기 (사 40~50장)

2. 이사야를 통한 메시아 이야기 (사 51~66장)

3. 미가를 통한 두 도시의 죄악 이야기 (미 1~3장)

4. 미가를 통한 베들레헴 (미 4~7장)

## 하나님 마음으로 충전하기

"그가 (　　　　　)은 우리의 허물 때문이요 그가 상함은 우리의 (　　　　　　) 때문이라 그가 (　　　　　)를 받으므로 우리는 평화를 누리고 그가 (　　　　　　)에 맞으므로 우리는 나음을 받았도다"(사 53:5)

"(　　　　　　　　　　) 에브라다야 너는 유다 족속 중에 작을지라도 이스라엘을 다스릴 자가 네게서 내게로 나올 것이라 그의 근본은 상고에, (　　　　　　)에 있느니라"(미 5:2)

## 통독성경 다섯 가지 포인트 필사하기

### 188일 (통독성경 구약 p.1139)

ㅇ 제목 ㅇ 범위

ㅇ 다섯 가지 포인트

①

②

③

④

⑤

### 189일 (통독성경 구약 p.1146)

ㅇ 제목 ㅇ 범위

ㅇ 다섯 가지 포인트

①

②

③

④

⑤

## 190일 (통독성경 구약 p.1153)

○ 제목 ○ 범위

○ 다섯 가지 포인트

①

②

③

④

⑤

## 191일 (통독성경 구약 p.1160)

○ 제목 ○ 범위

○ 다섯 가지 포인트

①

②

③

④

⑤

## 192일 (통독성경 구약 p.1168)

ㅇ 제목

ㅇ 범위

ㅇ 다섯 가지 포인트

①

②

③

④

⑤

## 193일 (통독성경 구약 p.1174)

ㅇ 제목

ㅇ 범위

ㅇ 다섯 가지 포인트

①

②

③

④

⑤

## 194일 (통독성경 구약 p.1179)

o 제목 o 범위

o 다섯 가지 포인트

①

②

③

④

⑤

## 195일 (통독성경 구약 p.1185)

o 제목 o 범위

o 다섯 가지 포인트

①

②

③

④

⑤

## 196일 (통독성경 구약 p.1189)

ㅇ 제목 ㅇ 범위

ㅇ 다섯 가지 포인트

①

②

③

④

⑤

# 절망 앞에 선 희망

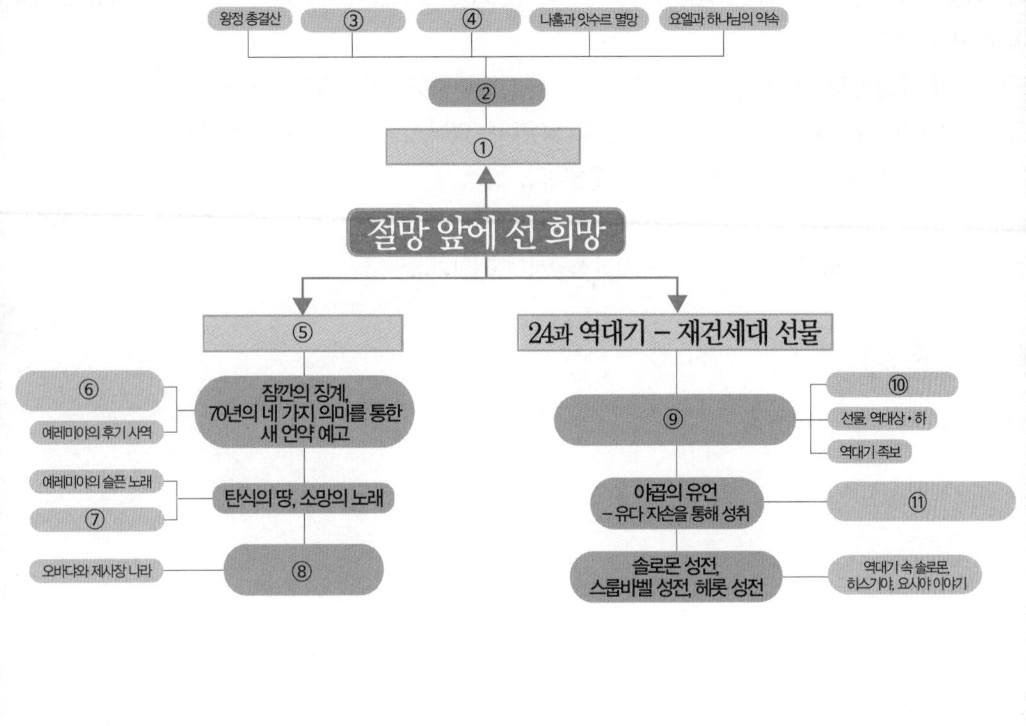
왕정 총결산
③
④
나훔과 앗수르 멸망
요엘과 하나님의 약속
②
①
절망 앞에 선 희망
⑤
24과 역대기 – 재건세대 선물
⑥
예레미야의 후기 사역
잠깐의 징계, 70년의 네 가지 의미를 통한 새 언약 예고
예레미야의 슬픈 노래
⑦
탄식의 땅, 소망의 노래
오바댜와 제사장 나라
⑧
⑩
⑨
선물, 역대상·하
역대기 족보
야곱의 유언 – 유다 자손을 통해 성취
⑪
솔로몬 성전, 스룹바벨 성전, 헤롯 성전
역대기 속 솔로몬, 히스기야, 요시야 이야기

① 

② 

③ 

④ 

⑤ 

⑥ 

⑦ 

⑧ 

⑨ 

⑩ 

⑪ 

《통성경 길라잡이》p.187 참조

# 22 남유다 멸망 왕하 21~23장, 습, 합, 나, 욜

## 통通으로 외우기

① 이사야를 통해 주시는 하나님의 말씀에 순종하여 나라의 위기를 극복했던 (                    ) 왕이 죽고, 그 뒤를 이어 므낫세가 왕이 됩니다.

② 므낫세 왕은 극심한 죄악을 범해서 남유다의 (                    )을 결정짓는 원인을 제공합니다.

③ 므낫세 이후 아몬을 거쳐 요시야가 왕이 되었을 때, 남유다는 이미 쇠락의 길을 가고 있었습니다. 이때 하나님께서 (                    )와 (                    ) 선지자를 보내십니다.

④ 약간의 시간차가 있지만 (                    ) 선지자도 스바냐, 나훔과 비슷한 시기에 활동했습니다. 그리고 정확한 활동 시기를 알 수 없는 <요엘>도 여기서 읽는 것이 적당하다고 봅니다.

## 스토리 요약하기

1. 왕정 총결산 (왕하 21~23장)

2. 스바냐와 렘넌트 (습 1~3장)

3. 하박국의 질문 (합 1~3장)

4. 나훔과 앗수르 멸망 (나 1~3장)

5. 요엘과 하나님의 약속 (욜 1~3장)

## 하나님 마음으로 충전하기

"이 묵시는 정한 때가 있나니 그 종말이 속히 이르겠고 결코 거짓되지 아니하리라 비록 더딜지라도 기다리라 지체되지 않고 (                                        ) 보라 그의 마음은 교만하며 그 속에서 정직하지 못하나 의인은 그의 (                )으로 말미암아 살리라"(합 2:3~4)

"너희는 옷을 찢지 말고 (                          ) 너희 하나님 여호와께로 (                              ) 그는 은혜로우시며 자비로우시며 노하기를 더디하시며 인애가 크시사 뜻을 돌이켜 재앙을 내리지 아니하시나니"(욜 2:13)

"누구든지 (                                )을 부르는 자는 (                )을 얻으리니 이는 나 여호와의 말대로 시온 산과 예루살렘에서 피할 자가 있을 것임이요 남은 자 중에 나 여호와의 부름을 받을 자가 있을 것임이니라"(욜 2:32)

## 통독성경 다섯 가지 포인트 필사하기

**197일** (통독성경 구약 p.1194)

○ 제목　　　　　　　　　　　　　　　　○ 범위

○ 다섯 가지 포인트

①

②

③

④

⑤

## 198일 (통독성경 구약 p.1201)

ㅇ 제목 ㅇ 범위

ㅇ 다섯 가지 포인트

①

②

③

④

⑤

## 199일 (통독성경 구약 p.1206)

ㅇ 제목 ㅇ 범위

ㅇ 다섯 가지 포인트

①

②

③

④

⑤

## 200일 (통독성경 구약 p.1211)

o 제목 o 범위

o 다섯 가지 포인트

①

②

③

④

⑤

## 201일 (통독성경 구약 p.1215)

o 제목 o 범위

o 다섯 가지 포인트

①

②

③

④

⑤

# 23 70년의 징계 왕하 24~25장, 렘, 애, 옵

## 통通으로 외우기

① 열왕기하 24~25장을 끝으로 '(                    )'이 막을 내립니다.

② 열왕기하 24~25장과 요시야 왕 때부터 남유다의 마지막 왕 (                    ) 때까지 온몸으로 사역했던 예레미야의 기록을 함께 읽습니다.

③ 바벨론 군사들에 의해 예루살렘이 완전히 초토화된 후, 그 슬픔의 장면을 보며 예레미야는 (                    )를 지어 불렀습니다.

④ (          ) 족속을 향해 예언의 말씀을 선포한 (                    )도 이때 함께 읽습니다.

## 스토리 요약하기

1. 예레미야의 전기 사역과 70년의 네 가지 의미 (왕하 24장/ 렘 1~38장)

2. 예레미야의 후기 사역 (왕하 25장/ 렘 39~52장)

3. 예레미야의 슬픈 노래 (애 1~2장)

4. 예레미야의 희망 노래 (애 3~5장)

5. 오바댜와 제사장 나라 (옵 1장)

## 하나님 마음으로 충전하기

"여호와의 말씀이니라 ( )이 끝나면 내가 ( )의 왕과 그의 나라와 갈대아인의 땅을 그 죄악으로 말미암아 벌하여 영원히 폐허가 되게 하되"(렘 25:12)

"여호와의 말씀이니라 보라 날이 이르리니 내가 이스라엘 집과 유다 집에 ( )을 맺으리라"(렘 31:31)

"이것을 내가 내 마음에 담아 두었더니 그것이 오히려 나의 ( )이 되었사옴은 여호와의 인자와 ( )이 무궁하시므로 우리가 진멸되지 아니함이니이다 이것들이 아침마다 새로우니 주의 성실하심이 크시도소이다"(애 3:21~23)

## 통독성경 다섯 가지 포인트 필사하기

**202일** (통독성경 구약 p.1220)

○ 제목 ○ 범위

○ 다섯 가지 포인트

①

②

③

④

⑤

## 203일 (통독성경 구약 p.1229)

ㅇ 제목

ㅇ 범위

ㅇ 다섯 가지 포인트

①

②

③

④

⑤

## 204일 (통독성경 구약 p.1236)

ㅇ 제목

ㅇ 범위

ㅇ 다섯 가지 포인트

①

②

③

④

⑤

## 205일 (통독성경 구약 p.1243)

o 제목

o 범위

o 다섯 가지 포인트

①

②

③

④

⑤

## 206일 (통독성경 구약 p.1251)

o 제목

o 범위

o 다섯 가지 포인트

①

②

③

④

⑤

## 207일 (통독성경 구약 p.1257)

ㅇ 제목

ㅇ 범위

ㅇ 다섯 가지 포인트

①

②

③

④

⑤

## 208일 (통독성경 구약 p.1264)

ㅇ 제목

ㅇ 범위

ㅇ 다섯 가지 포인트

①

②

③

④

⑤

## 209일 (통독성경 구약 p.1271)

ㅇ 제목 ㅇ 범위

ㅇ 다섯 가지 포인트

①

②

③

④

⑤

## 210일 (통독성경 구약 p.1275)

ㅇ 제목 ㅇ 범위

ㅇ 다섯 가지 포인트

①

②

③

④

⑤

## 211일 (통독성경 구약 p.1281)

∘ 제목 ∘ 범위

∘ 다섯 가지 포인트

①

②

③

④

⑤

## 212일 (통독성경 구약 p.1290)

∘ 제목 ∘ 범위

∘ 다섯 가지 포인트

①

②

③

④

⑤

## 213일 (통독성경 구약 p.1296)

ㅇ 제목 ㅇ 범위

ㅇ 다섯 가지 포인트

①

②

③

④

⑤

## 214일 (통독성경 구약 p.1302)

ㅇ 제목 ㅇ 범위

ㅇ 다섯 가지 포인트

①

②

③

④

⑤

## 215일 (통독성경 구약 p.1307)

○ 제목 ○ 범위

○ 다섯 가지 포인트

①

②

③

④

⑤

## 216일 (통독성경 구약 p.1314)

○ 제목 ○ 범위

○ 다섯 가지 포인트

①

②

③

④

⑤

## 217일 (통독성경 구약 p.1321)

ㅇ 제목 ㅇ 범위

ㅇ 다섯 가지 포인트

①

②

③

④

⑤

## 218일 (통독성경 구약 p.1327)

ㅇ 제목 ㅇ 범위

ㅇ 다섯 가지 포인트

①

②

③

④

⑤

## 219일 (통독성경 구약 p.1334)

ㅇ 제목 ㅇ 범위

ㅇ 다섯 가지 포인트

①

②

③

④

⑤

## 220일 (통독성경 구약 p.1342)

ㅇ 제목 ㅇ 범위

ㅇ 다섯 가지 포인트

①

②

③

④

⑤

## 221일 (통독성경 구약 p.1347)

○ 제목 ○ 범위

○ 다섯 가지 포인트

①

②

③

④

⑤

## 222일 (통독성경 구약 p.1352)

○ 제목 ○ 범위

○ 다섯 가지 포인트

①

②

③

④

⑤

# 예레미야 70년

4가지 70년을 통한 새 언약 예고

JEREMIAH'S 70 YEARS - PUNISHMENT, EDUCATION, SABBATH, LIFESPAN OF EMPIRE

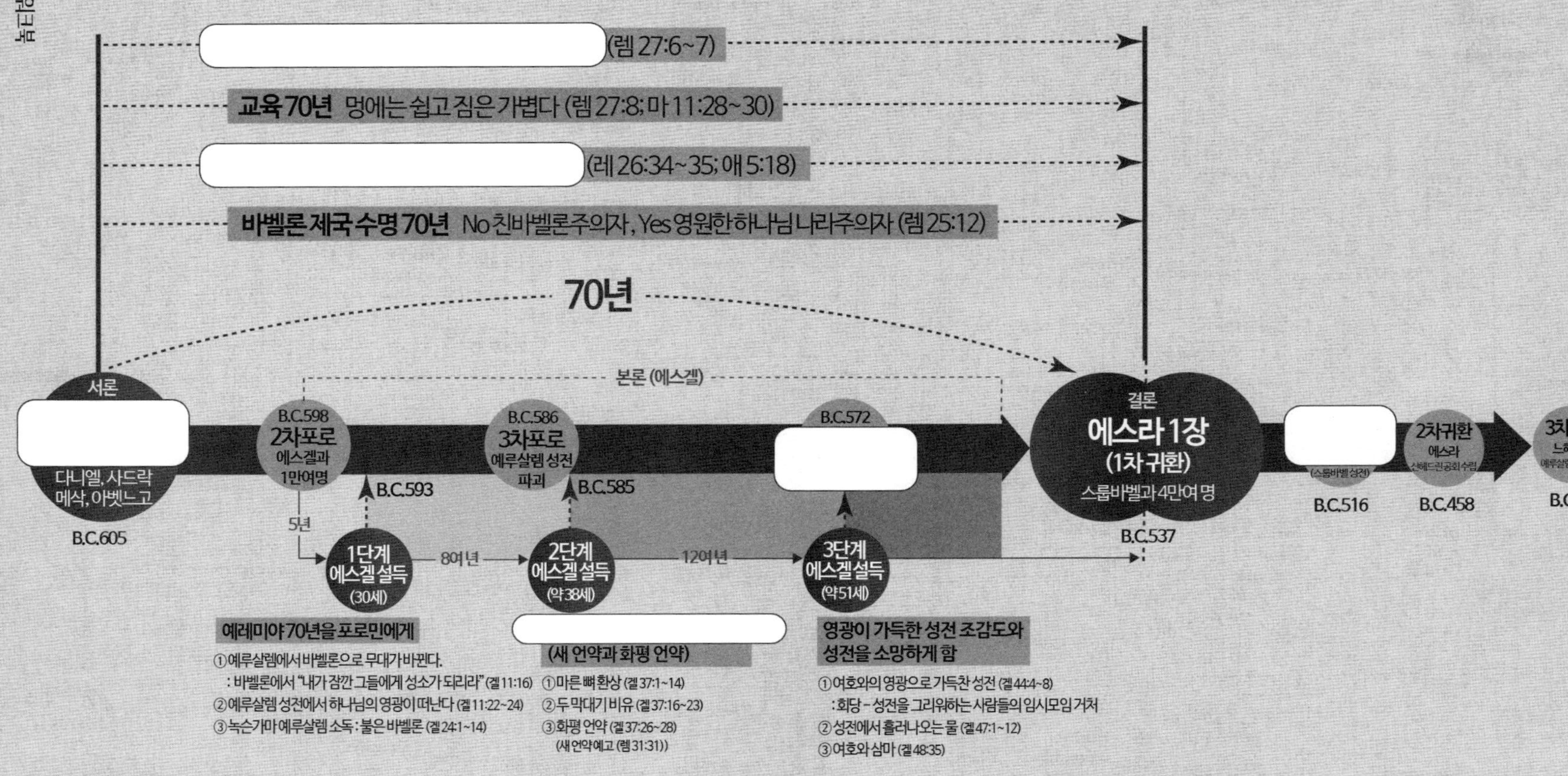

(렘 27:6~7)
교육 70년 멍에는 쉽고 짐은 가볍다 (렘 27:8; 마 11:28~30)
(레 26:34~35; 애 5:18)
바벨론 제국 수명 70년 No 친바벨론주의자, Yes 영원한 하나님 나라주의자 (렘 25:12)
70년
본론 (에스겔)
서론
다니엘, 사드락 메삭, 아벳느고
B.C.605
B.C.598
2차포로
에스겔과 1만여 명
B.C.593
5년
B.C.586
3차포로
예루살렘 성전 파괴
B.C.585
B.C.572
1단계 에스겔 설득 (30세)
8여 년
2단계 에스겔 설득 (약 38세)
12여 년
3단계 에스겔 설득 (약 51세)
결론
에스라 1장
(1차 귀환)
스룹바벨과 4만여 명
B.C.537
(스룹바벨 성전)
B.C.516
2차귀환
에스라
산헤드린공회 수립
B.C.458
3차귀환
느헤미야
예루살렘성벽 재건
B.C.445
예레미야 70년을 포로민에게
①예루살렘에서 바벨론으로 무대가 바뀐다.
: 바벨론에서 "내가 잠깐 그들에게 성소가 되리라" (겔 11:16)
②예루살렘 성전에서 하나님의 영광이 떠난다 (겔 11:22~24)
③녹슨 가마 예루살렘 소독 : 불은 바벨론 (겔 24:1~14)
(새 언약과 화평 언약)
①마른 뼈 환상 (겔 37:1~14)
②두 막대기 비유 (겔 37:16~23)
③화평 언약 (겔 37:26~28)
(새 언약 예고 (렘 31:31))
영광이 가득한 성전 조감도와 성전을 소망하게 함
①여호와의 영광으로 가득 찬 성전 (겔 44:4~8)
: 회당 - 성전을 그리워하는 사람들의 임시 모임 거처
②성전에서 흘러나오는 물 (겔 47:1~12)
③여호와 삼마 (겔 48:35)


《통성경 길라잡이》 p.203 참조

# 24 역대기 - 재건세대 선물 대상, 대하

## 통通으로 외우기

① 바벨론 포로로 끌려가는 남유다 백성에게 '열왕기상·하'를 선물로 주셨던 하나님께서는 (                    ) 을 마치고 예루살렘으로 귀환하는 재건세대에게 '(                    )'를 선물로 주십니다.
② 하나님께서 역사를 선물로 주신 이유는 '(          )'를 약속해주시기 위함입니다.

## 스토리 요약하기

1. 선물, 열왕기상 · 하

2. 선물, 역대상 · 하

3. 역대기 족보 (대상 1~9장)

4. 역대기 속 다윗 이야기 – 2천 년 유대 역사의 대표 주자 (대상 10~29장)

5. 역대기 속 솔로몬, 히스기야, 요시야 이야기 (대하 1~36장)

## 하나님 마음으로 충전하기

"나와 내 백성이 (                    ) 이처럼 즐거운 마음으로 드릴 힘이 있었나이까 (          ) 이 주께로 말미암았사오니 우리가 주의 손에서 받은 것으로 주께 드렸을 뿐이니이다"(대상 29:14)

## 통독성경 다섯 가지 포인트 필사하기

### 223일 (통독성경 구약 p.1355)

ㅇ 제목

ㅇ 범위

ㅇ 다섯 가지 포인트

①

②

③

④

⑤

### 224일 (통독성경 구약 p.1361)

ㅇ 제목

ㅇ 범위

ㅇ 다섯 가지 포인트

①

②

③

④

⑤

## 225일 (통독성경 구약 p.1366)

ㅇ 제목 ㅇ 범위

ㅇ 다섯 가지 포인트

①

②

③

④

⑤

## 226일 (통독성경 구약 p.1377)

ㅇ 제목 ㅇ 범위

ㅇ 다섯 가지 포인트

①

②

③

④

⑤

## 227일 (통독성경 구약 p.1384)

○ 제목 ○ 범위

○ 다섯 가지 포인트

①

②

③

④

⑤

## 228일 (통독성경 구약 p.1391)

○ 제목 ○ 범위

○ 다섯 가지 포인트

①

②

③

④

⑤

## 229일 (통독성경 구약 p.1397)

○ 제목 ○ 범위

○ 다섯 가지 포인트

①

②

③

④

⑤

## 230일 (통독성경 구약 p.1401)

○ 제목 ○ 범위

○ 다섯 가지 포인트

①

②

③

④

⑤

## 231일 (통독성경 구약 p.1409)

ㅇ 제목

ㅇ 범위

ㅇ 다섯 가지 포인트

①

②

③

④

⑤

## 232일 (통독성경 구약 p.1416)

ㅇ 제목

ㅇ 범위

ㅇ 다섯 가지 포인트

①

②

③

④

⑤

## 233일 (통독성경 구약 p.1421)

ㅇ 제목 ㅇ 범위

ㅇ 다섯 가지 포인트

①

②

③

④

⑤

## 234일 (통독성경 구약 p.1428)

ㅇ 제목 ㅇ 범위

ㅇ 다섯 가지 포인트

①

②

③

④

⑤

## 235일 (통독성경 구약 p.1432)

ㅇ 제목 ㅇ 범위

ㅇ 다섯 가지 포인트

①

②

③

④

⑤

## 236일 (통독성경 구약 p.1439)

ㅇ 제목 ㅇ 범위

ㅇ 다섯 가지 포인트

①

②

③

④

⑤

## 237일 (통독성경 구약 p.1444)

ㅇ 제목 ㅇ 범위

ㅇ 다섯 가지 포인트

①

②

③

④

⑤

## 238일 (통독성경 구약 p.1454)

ㅇ 제목 ㅇ 범위

ㅇ 다섯 가지 포인트

①

②

③

④

⑤

## 239일 (통독성경 구약 p.1461)

ㅇ 제목 ㅇ 범위

ㅇ 다섯 가지 포인트

①

②

③

④

⑤

## 240일 (통독성경 구약 p.1466)

ㅇ 제목 ㅇ 범위

ㅇ 다섯 가지 포인트

①

②

③

④

⑤

## 241일 (통독성경 구약 p.1473)

ㅇ 제목

ㅇ 범위

ㅇ 다섯 가지 포인트

①

②

③

④

⑤

## 242일 (통독성경 구약 p.1478)

ㅇ 제목

ㅇ 범위

ㅇ 다섯 가지 포인트

①

②

③

④

⑤

# 통通트랙 3
# 페르시아 7권

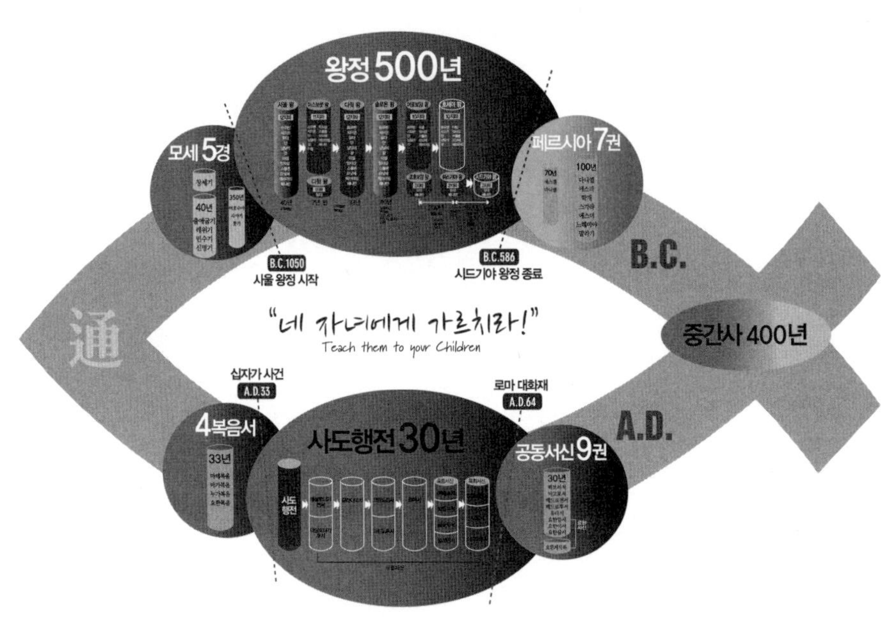

왕정 500년
모세 5경
창세기
40년
출애굽기
레위기
민수기
신명기
350년
페르시아 7권
100년
B.C.1050
사울 왕정 시작
B.C.586
시드기야 왕정 종료
B.C.
"네 자녀에게 가르치라!"
Teach them to your Children
通
중간사 400년
십자가 사건
A.D.33
로마 대화재
A.D.64
A.D.
4복음서
33년
사도행전 30년
사도행전
공동서신 9권
30년

# 통通성경 길라잡이
# 25~31과

| | |
|---|---|
| 25. 포로민 설득 – 유대인의 시작 | 29. 에스라의 권한 |
| 26. 제국 변동의 밑그림 | 30. 성벽 재건 |
| 27. 성전 재건 – 귀환과 투자 | 31. 고백과 침묵 |
| 28. 에스더의 파티 | |

# 페르시아 7권

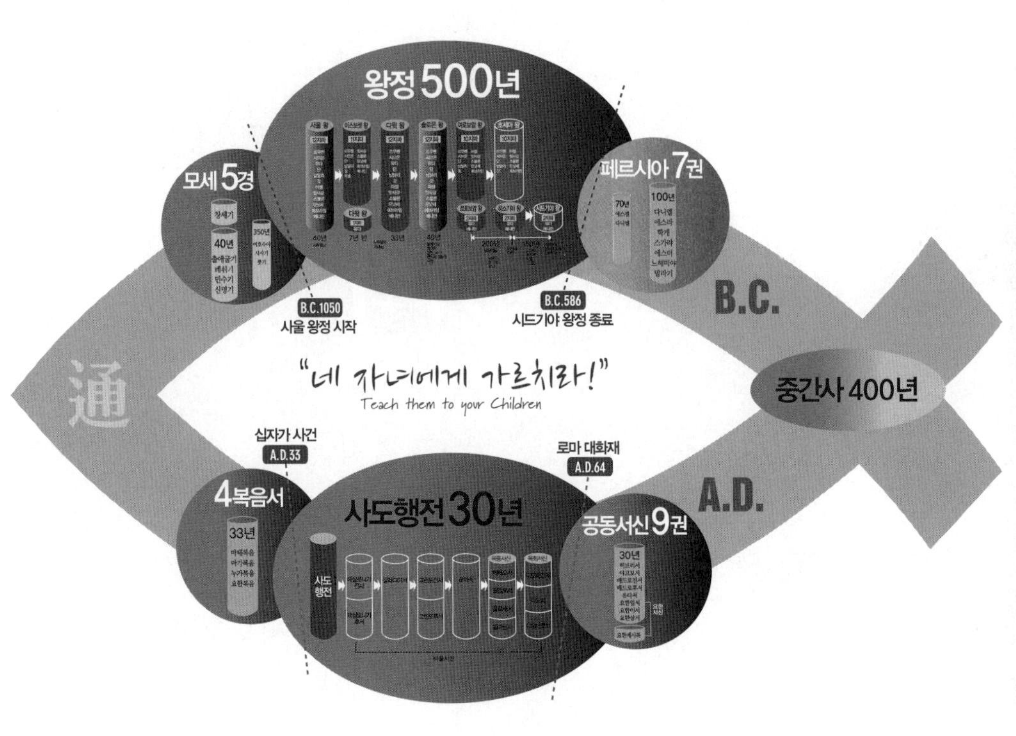


70년

①

100년

②

① ..........................................................................

② ..........................................................................

..........................................................................

..........................................................................

《통성경 길라잡이》 통트랙스 7 그림 참조

# 징계, 희망의 디딤돌

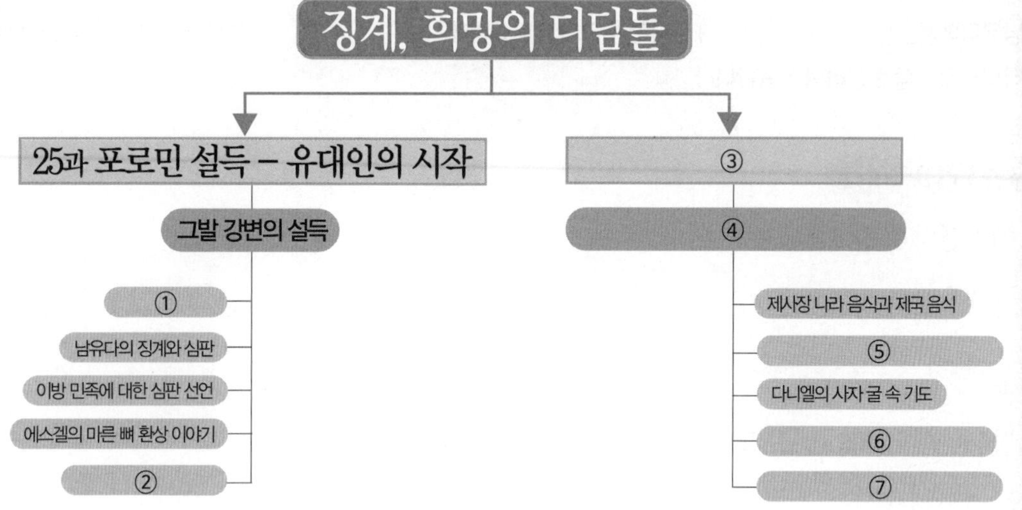
징계, 희망의 디딤돌
25과 포로민 설득 – 유대인의 시작
그발 강변의 설득
①
남유다의 징계와 심판
이방 민족에 대한 심판 선언
에스겔의 마른 뼈 환상 이야기
②
③
④
제사장 나라 음식과 제국 음식
⑤
다니엘의 사자 굴 속 기도
⑥
⑦

①

②

③

④

⑤

⑥

⑦

《통성경 길라잡이》p.211 참조

# 25 포로민 설득-유대인의 시작 겔

## 통通으로 외우기

① 하나님께서는 남유다가 완전히 망하기 전, 1차 포로로 (　　　　　　)과 세 친구를, 2차 포로로 (　　　　　　)과 (　　　　　　)을 바벨론으로 보내 '(　　　　　　)'가 되게 하셨습니다.

② 남유다에서는 (　　　　　　) 선지자가, 그리고 바벨론에서는 (　　　　　　) 선지자가 남유다 백성들에게 하나님의 말씀을 전하며 설득합니다.

## 스토리 요약하기

1. 에스겔의 소명 (겔 1~3장)

2. 남유다의 징계와 심판 (겔 4~24장)

3. 이방 민족에 대한 심판 선언 (겔 25~32장)

4. 에스겔의 마른 뼈 환상 이야기 (겔 33~39장)

5. 에스겔의 성전 조감도 (겔 40~48장)

## 하나님 마음으로 충전하기

"너는 그들에게 말하라 주 여호와의 말씀이니라 나의 삶을 두고 맹세하노니 나는 악인이 죽는 것을 기뻐하지 아니하고 (            )이 그의 길에서 (                ) 떠나 사는 것을 기뻐하노라 이스라엘 족속아 돌이키고 돌이키라 너희 악한 길에서 (                ) 어찌 죽고자 하느냐 하셨다 하라"(겔 33:11)

"또 새 영을 너희 속에 두고 새 마음을 너희에게 주되 너희 육신에서 (                    )을 제거하고 (                    )을 줄 것이며 또 내 영을 너희 속에 두어 너희로 내 율례를 행하게 하리니 너희가 내 규례를 지켜 행할지라"(겔 36:26~27)

"그 사방의 합계는 만 팔천 척이라 그 날 후로는 그 성읍의 이름을 (                    )라 하리라"(겔 48:35)

## 통독성경 다섯 가지 포인트 필사하기

**243일** (통독성경 구약 p.1486)

○ 제목 ○ 범위

○ 다섯 가지 포인트

①

②

③

④

⑤

## 244일 (통독성경 구약 p.1491)

○ 제목 ○ 범위

○ 다섯 가지 포인트

①

②

③

④

⑤

## 245일 (통독성경 구약 p.1497)

○ 제목 ○ 범위

○ 다섯 가지 포인트

①

②

③

④

⑤

## 246일 (통독성경 구약 p.1503)

ㅇ 제목

ㅇ 범위

ㅇ 다섯 가지 포인트

①

②

③

④

⑤

## 247일 (통독성경 구약 p.1510)

ㅇ 제목

ㅇ 범위

ㅇ 다섯 가지 포인트

①

②

③

④

⑤

## 248일 (통독성경 구약 p.1517)

○ 제목　　　　○ 범위

○ 다섯 가지 포인트

①

②

③

④

⑤

## 249일 (통독성경 구약 p.1525)

○ 제목　　　　○ 범위

○ 다섯 가지 포인트

①

②

③

④

⑤

## 250일 (통독성경 구약 p.1530)

ㅇ 제목 ㅇ 범위

ㅇ 다섯 가지 포인트

①

②

③

④

⑤

## 251일 (통독성경 구약 p.1536)

ㅇ 제목 ㅇ 범위

ㅇ 다섯 가지 포인트

①

②

③

④

⑤

## 252일 (통독성경 구약 p.1543)

ㅇ 제목 ㅇ 범위

ㅇ 다섯 가지 포인트

①

②

③

④

⑤

## 253일 (통독성경 구약 p.1552)

ㅇ 제목 ㅇ 범위

ㅇ 다섯 가지 포인트

①

②

③

④

⑤

## 254일 (통독성경 구약 p.1558)

○ 제목 ○ 범위

○ 다섯 가지 포인트

①

②

③

④

⑤

## 255일 (통독성경 구약 p.1564)

○ 제목 ○ 범위

○ 다섯 가지 포인트

①

②

③

④

⑤

## 256일 (통독성경 구약 p.1569)

o 제목 o 범위

o 다섯 가지 포인트

①

②

③

④

⑤

## 257일 (통독성경 구약 p.1574)

o 제목 o 범위

o 다섯 가지 포인트

①

②

③

④

⑤

## 258일 (통독성경 구약 p.1578)

ㅇ 제목 ㅇ 범위

ㅇ 다섯 가지 포인트

①

②

③

④

⑤

## 259일 (통독성경 구약 p.1585)

ㅇ 제목 ㅇ 범위

ㅇ 다섯 가지 포인트

①

②

③

④

⑤

# 26 제국 변동의 밑그림[단]

## 통通으로 외우기

① 바벨론의 느부갓네살 왕은 다니엘과 다니엘의 세 친구를 (　　　　　　) 이데올로기 교육에 투입시켰지만, 이미 어려서부터 패밀리 스쿨(family school)을 통해 부모에게 '(　　　　　　　　)' 교육을 받은 그들에게는 아무것도 통하지 않았습니다.

② 다니엘은 하나님의 (　　　　　　)가 가나안 땅에서만 이루어지는 것이 아님을 보여줍니다.

## 스토리 요약하기

1. 제사장 나라 음식과 제국 음식 (단 1~5장)

2. 제국 변동의 밑그림 – 네 짐승 환상 (단 7~8장)

3. 다니엘의 사자 굴 속 기도 (단 6장)

4. 예레미야의 편지와 다니엘의 기도 (단 9장)

5. 선지자 다니엘 – 미래에 대한 환상 (단 10~12장)

## 하나님 마음으로 충전하기

"다니엘이 이 조서에 왕의 도장이 찍힌 것을 알고도 자기 집에 돌아가서는 윗방에 올라가 (                ) 으로 향한 (                )을 열고 전에 하던 대로 하루 세 번씩 무릎을 꿇고 (                )하며 그의 하나님께 감사하였더라"(단 6:10)

"메대 족속 아하수에로의 아들 다리오가 갈대아 나라 왕으로 세움을 받던 첫 해 곧 그 통치 원년에 나 다니엘이 책을 통해 여호와께서 말씀으로 선지자 (                )에게 알려 주신 그 연수를 깨달았나니 곧 예루살렘의 황폐함이 (                )만에 그치리라 하신 것이니라"(단 9:1~2)

## 통독성경 다섯 가지 포인트 필사하기

**260일** (통독성경 구약 p.1589)

○ 제목 ○ 범위

○ 다섯 가지 포인트

①

②

③

④

⑤

## 261일 (통독성경 구약 p.1595)

○ 제목 ○ 범위

○ 다섯 가지 포인트

①

②

③

④

⑤

## 262일 (통독성경 구약 p.1602)

○ 제목 ○ 범위

○ 다섯 가지 포인트

①

②

③

④

⑤

## 263일 (통독성경 구약 p.1607)

ㅇ 제목 ㅇ 범위

ㅇ 다섯 가지 포인트

①

②

③

④

⑤

## 264일 (통독성경 구약 p.1614)

ㅇ 제목 ㅇ 범위

ㅇ 다섯 가지 포인트

①

②

③

④

⑤

10마당

# 재건 공동체

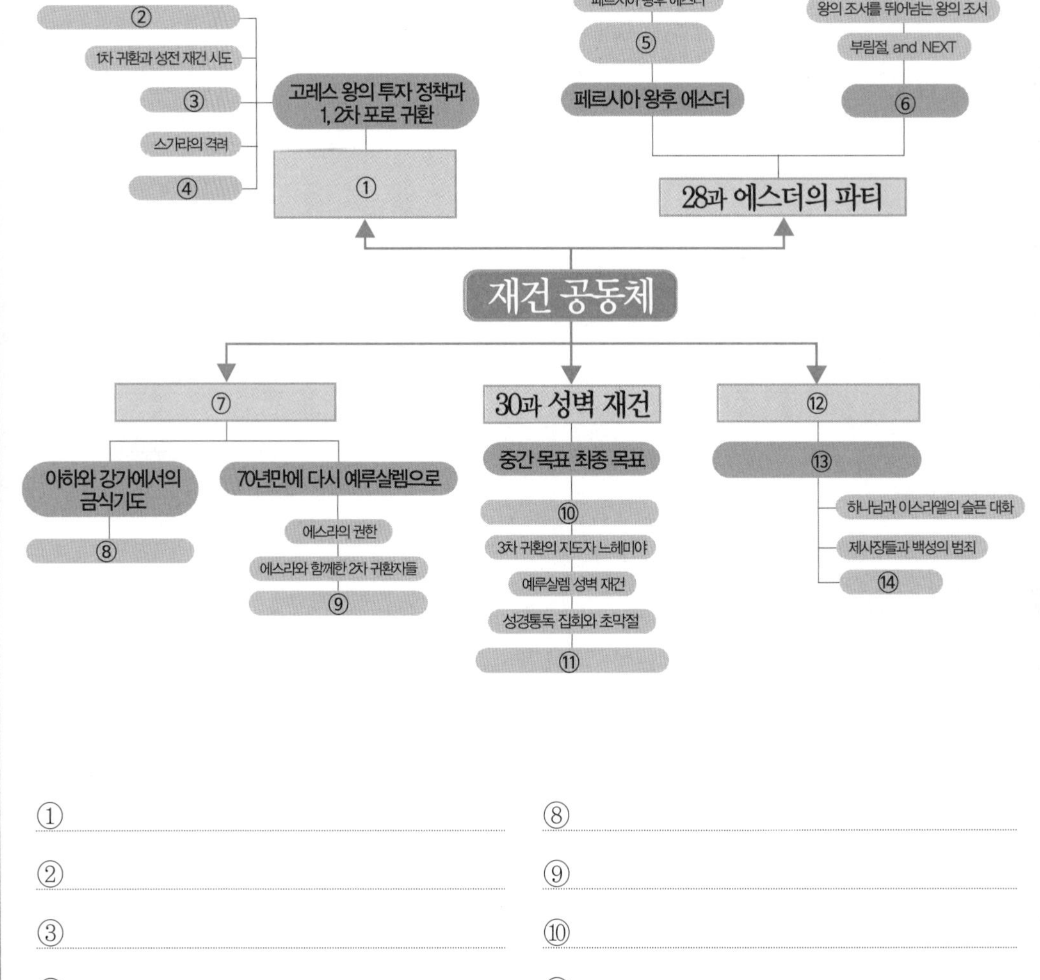

②
1차 귀환과 성전 재건 시도
③
스가랴의 격려
④
고레스 왕의 투자 정책과 1, 2차 포로 귀환
①
페르시아 왕후 에스더
⑤
페르시아 왕후 에스더
왕의 조서를 뛰어넘는 왕의 조서
부림절, and NEXT
⑥
28과 에스더의 파티
재건 공동체
⑦
아하와 강가에서의 금식기도
⑧
70년만에 다시 예루살렘으로
에스라의 권한
에스라와 함께한 2차 귀환자들
⑨
30과 성벽 재건
중간 목표 최종 목표
⑩
3차 귀환의 지도자 느헤미야
예루살렘 성벽 재건
성경통독 집회와 초막절
⑪
⑫
⑬
하나님과 이스라엘의 슬픈 대화
제사장들과 백성의 범죄
⑭

| | |
|---|---|
| ① | ⑧ |
| ② | ⑨ |
| ③ | ⑩ |
| ④ | ⑪ |
| ⑤ | ⑫ |
| ⑥ | ⑬ |
| ⑦ | ⑭ |

《통성경 길라잡이》p.225 참조

# 27 성전 재건-귀환과 투자 스 1~6장, 학, 슥

## 통通으로 외우기

①(          )제국이 망하고(               )제국이 천하를 호령하는 주인이 되었습니다.

②페르시아의 고레스 왕은(          )이 포로로 끌어왔던 사람들을 고국으로 돌려보내 줍니다.

③(       )로 귀환한 사람들의 이야기가 에스라 1~4장에 기록되어 있습니다. 그런데 그들이(            )을 중단한 채 16년여의 세월을 보내자, 하나님께서(          )와(            ) 선지자를 보내어 성전 건축의 중요성을 외치게 하십니다.

④학개와 스가랴의 도움으로 성전을(          )하는 이야기가 에스라 5~6장에 나옵니다.

## 스토리 요약하기

1. 고레스 왕의 투자 정책과 포로 귀환 (스 1~2장)

2. 1차 귀환과 성전 재건 시도 (스 3~4장)

3. 학개의 권면 (학 1~2장)

4. 스가랴의 격려 (슥 1~14장)

5. 성전 재건의 기쁨 (스 5~6장)

## 하나님 마음으로 충전하기

"(　　　　) 왕 고레스 원년에 여호와께서 (　　　　　　　　)의 입을 통하여 하신 말씀을 이루게 하시려고 바사 왕 고레스의 마음을 감동시키시매 그가 온 나라에 공포도 하고 조서도 내려 이르되 바사 왕 고레스는 말하노니 하늘의 하나님 여호와께서 세상 모든 나라를 내게 주셨고 나에게 명령하사 유다 예루살렘에 (　　　　　　　　　　) 하셨나니"(스 1:1~2)

"그 때에 여호와의 사자 (　　　　　)가 여호와의 위임을 받아 백성에게 말하여 이르되 여호와가 말하노니 내가 너희와 (　　　　　　) 하노라 하니라 여호와께서 스알디엘의 아들 유다 총독 스룹바벨의 마음과 여호사닥의 아들 대제사장 여호수아의 마음과 남은 모든 백성의 마음을 (　　　　　)시키시매 그들이 와서 만군의 여호와 그들의 (　　　　　　　　　　) 공사를 하였으니"(학 1:13~14)

"시온의 딸아 크게 기뻐할지어다 예루살렘의 딸아 즐거이 부를지어다 보라 네 (　　　)이 네게 임하시나니 그는 공의로우시며 (　　　　　)을 베푸시며 겸손하여서 나귀를 타시나니 나귀의 작은 것 곧 (　　　　　　)니라"(슥 9:9)

## 통독성경 다섯 가지 포인트 필사하기

**265일** (통독성경 구약 p.1621)

ㅇ 제목　　　　　　　　　　ㅇ 범위

ㅇ 다섯 가지 포인트

①

②

③

④

⑤

## 266일 (통독성경 구약 p.1625)

○ 제목

○ 범위

○ 다섯 가지 포인트

①

②

③

④

⑤

## 267일 (통독성경 구약 p.1629)

○ 제목

○ 범위

○ 다섯 가지 포인트

①

②

③

④

⑤

## 268일 (통독성경 구약 p.1632)

o 제목

o 범위

o 다섯 가지 포인트

①

②

③

④

⑤

## 269일 (통독성경 구약 p.1639)

o 제목

o 범위

o 다섯 가지 포인트

①

②

③

④

⑤

## 270일 (통독성경 구약 p.1644)

○ 제목 ○ 범위

○ 다섯 가지 포인트

①

②

③

④

⑤

## 271일 (통독성경 구약 p.1649)

○ 제목 ○ 범위

○ 다섯 가지 포인트

①

②

③

④

⑤

# 28 에스더의 파티 에

## 통通으로 외우기

① <에스더>는 '1차 귀환'과 '2차 귀환' 사이에 (                    )에서 있었던 일을 기록한 책입니다.

② 에스더의 헌신이 있었기에 페르시아 제국에서 살아 남게 된 (              )와 (                    )가 각각 2, 3차 귀환의 지도자가 될 수 있었습니다.

## 스토리 요약하기

1. 페르시아 왕후 에스더 (에 1~2장)

2. 죽으면 죽으리라 – 두 번의 파티 정치 (에 3~7장)

3. 왕의 조서를 뛰어넘는 왕의 조서 (에 8장)

4. 부림절, and NEXT (에 9~10장)

## 하나님 마음으로 충전하기

"에스더가 모르드개에게 회답하여 이르되 당신은 가서 수산에 있는 (                )을 다 모으고 나를 위하여 금식하되 밤낮 삼 일을 먹지도 말고 마시지도 마소서 나도 나의 시녀와 더불어 이렇게 금식한 후에 규례를 어기고 왕에게 나아가리니 (                                        ) 하니라"(에 4:15~16)

"이 달 이 날에 유다인들이 대적에게서 벗어나서 (                )을 얻어 슬픔이 변하여 기쁨이 되고 애통이 변하여 길한 날이 되었으니 이 두 날을 지켜 잔치를 베풀고 즐기며 서로 예물을 주며 가난한 자를 (                )하라 하매 … 무리가 부르의 이름을 따라 이 두 날을 (                )이라 하고 유다인이 이 글의 모든 말과 이 일에 보고 당한 것으로 말미암아"(에 9:22~26)

## 통독성경 다섯 가지 포인트 필사하기

### 272일 (통독성경 구약 p.1653)

○ 제목 ○ 범위

○ 다섯 가지 포인트

①

②

③

④

⑤

## 273일 (통독성경 구약 p.1660)

ㅇ 제목 ㅇ 범위

ㅇ 다섯 가지 포인트

①

②

③

④

⑤

# 29 에스라의 권한 스 7~10장

## 통通으로 외우기

① 페르시아 왕의 학사였던 (　　　　　　)는 페르시아에서의 모든 기득권을 내려놓고 (　　　　　　)의 지도자가 되어 황폐한 예루살렘으로 돌아가 '율법'을 바로 세우는 일을 합니다.
② 페르시아 왕은 예루살렘으로 가는 에스라에게 '(　　　　　　　　)'를 세우도록 허락해줍니다. 이로 인해 유대는 에스라 때로부터 이후 로마 제국의 지배를 받을 때까지 계속해서 '자치 지도부'를 가지게 됩니다.
③ 에스라가 지었을 것이라고 추측되는 시편 119편도 함께 읽으면 좋습니다.

## 스토리 요약하기

1. 2차 귀환의 지도자 에스라 (스 7:1~20)

2. 에스라의 권한 (스 7:21~8장)

3. 에스라와 함께한 2차 귀환자들 (스 8장)

4. 에스라 개혁과 산헤드린 공회 (스 9~10장)

## 하나님 마음으로 충전하기

"모든 왕의 왕 아닥사스다는 하늘의 하나님의 율법에 완전한 학자 겸 (　　　　　　　　)에게 조서를 내리노니 우리 나라에 있는 이스라엘 백성과 그들 제사장들과 레위 사람들 중에 (　　　　　　)으로 올라갈 뜻이 있는 자는 (　　　　　　) 너와 함께 갈지어다"(스 7:12~13)

## 통독성경 다섯 가지 포인트 필사하기

### 274일 (통독성경 구약 p.1667)

ㅇ 제목

ㅇ 범위

ㅇ 다섯 가지 포인트

①

②

③

④

⑤

### 275일 (통독성경 구약 p.1672)

ㅇ 제목

ㅇ 범위

ㅇ 다섯 가지 포인트

①

②

③

④

⑤

# 30 성벽 재건 느

## 통通으로 외우기

① 에스라가 귀환한 지 약 14년째에 (                    )가 (          )로 예루살렘에 귀환합니다.

② 느헤미야는 (                              )을 재건하겠다는 꿈을 안고 예루살렘 총독으로 부임합니다.

③ 예레미야와 예레미야로부터 150년 후 사람인 (                    )의 공통점은 그들의 책 서두에 자신들의 아버지 이름을 밝히며 글을 시작했다는 것입니다. 예레미야와 느헤미야는 패밀리 스쿨(family school) 출신이었습니다.

## 스토리 요약하기

1. 느헤미야의 천 년을 담은 기도 (느 1장)

2. 3차 귀환의 지도자 느헤미야 (느 2~3장)

3. 예루살렘 성벽 재건 (느 4~7장)

4. 성경통독 집회와 초막절 (느 8~10장)

5. 느헤미야의 최종 목표 – 웃음꽃 (느 11~13장)

## 하나님 마음으로 충전하기

"내 형제들 가운데 하나인 하나니가 두어 사람과 함께 유다에서 내게 이르렀기로 내가 그 사로잡힘을 면하고 남아 있는 유다와 예루살렘 사람들의 (　　　　　)을 물은즉 그들이 내게 이르되 사로잡힘을 면하고 남아 있는 자들이 그 지방 거기에서 큰 환난을 당하고 능욕을 받으며 (　　　　　　　　)은 허물어지고 성문들은 불탔다 하는지라 내가 이 말을 듣고 앉아서 울고 수일 동안 슬퍼하며 하늘의 하나님 앞에 (　　　　　)하며 (　　　　　)하여"(느 1:2~4)

"내가 또 왕에게 아뢰되 왕이 만일 좋게 여기시거든 강 서쪽 총독들에게 내리시는 (　　　　　)를 내게 주사 그들이 나를 용납하여 유다에 들어가기까지 (　　　　　)하게 하시고"(느 2:7)

"이 날에 무리가 큰 제사를 드리고 심히 즐거워하였으니 이는 하나님이 크게 즐거워하게 하셨음이라 (　　　　)와 (　　　　　)도 즐거워하였으므로 예루살렘이 (　　　　　　　　　　　　)가 멀리 들렸느니라"(느 12:43)

## 통독성경 다섯 가지 포인트 필사하기

### 276일 (통독성경 구약 p.1677)

ㅇ 제목　　　　　　　　　　　　　　　　　　ㅇ 범위

ㅇ 다섯 가지 포인트

①

②

③

④

⑤

## 277일 (통독성경 구약 p.1682)

○ 제목 ○ 범위

○ 다섯 가지 포인트

①

②

③

④

⑤

## 278일 (통독성경 구약 p.1691)

○ 제목 ○ 범위

○ 다섯 가지 포인트

①

②

③

④

⑤

## 279일 (통독성경 구약 p.1698)

○ 제목

○ 범위

○ 다섯 가지 포인트

①

②

③

④

⑤

# 31 고백과 침묵 말

**통通으로 외우기**

①느헤미야와 같은 시대, 혹은 그 이후까지 활동했던 선지자가 구약성경의 마지막 (　　　　)인 (　　　　)입니다.
②<말라기>는 역사순에 따라 (　　　　)와 (　　　　)를 읽고 난 후 통독해야 합니다.

**스토리 요약하기**

1. 하나님과 이스라엘의 슬픈 대화 (말 1:1~5)

2. 제사장들과 백성의 범죄 (말 1:6~3장)

3. 하나님의 침묵 (말 4장)

**하나님 마음으로 충전하기**

"여호와께서 말라기를 통하여 이스라엘에게 말씀하신 경고라 여호와께서 이르시되 내가 너희를 (　　　　) 하나 너희는 이르기를 주께서 (　　　　) 우리를 사랑하셨나이까 하는도다 나 여호와가 말하노라 에서는 야곱의 형이 아니냐 그러나 내가 야곱을 사랑하였고"(말 1:1~2)

"보라 여호와의 크고 두려운 날이 이르기 전에 내가 선지자 (　　　　)를 너희에게 보내리니 그가 아버지의 (　　　　)을 자녀에게로 돌이키게 하고 자녀들의 (　　　　)을 그들의 아버지에게로 돌이키게 하리라 돌이키지 아니하면 두렵건대 내가 와서 저주로 그 땅을 칠까 하노라 하시니라"(말 4:5~6)

## ★ 통독성경 다섯 가지 포인트 필사하기

### 280일 (통독성경 구약 p.1706)

○ 제목 ○ 범위

○ 다섯 가지 포인트

①

②

③

④

⑤

# 중간사 400년

400 YEARS OF INTERTESTAMENTAL PERIOD

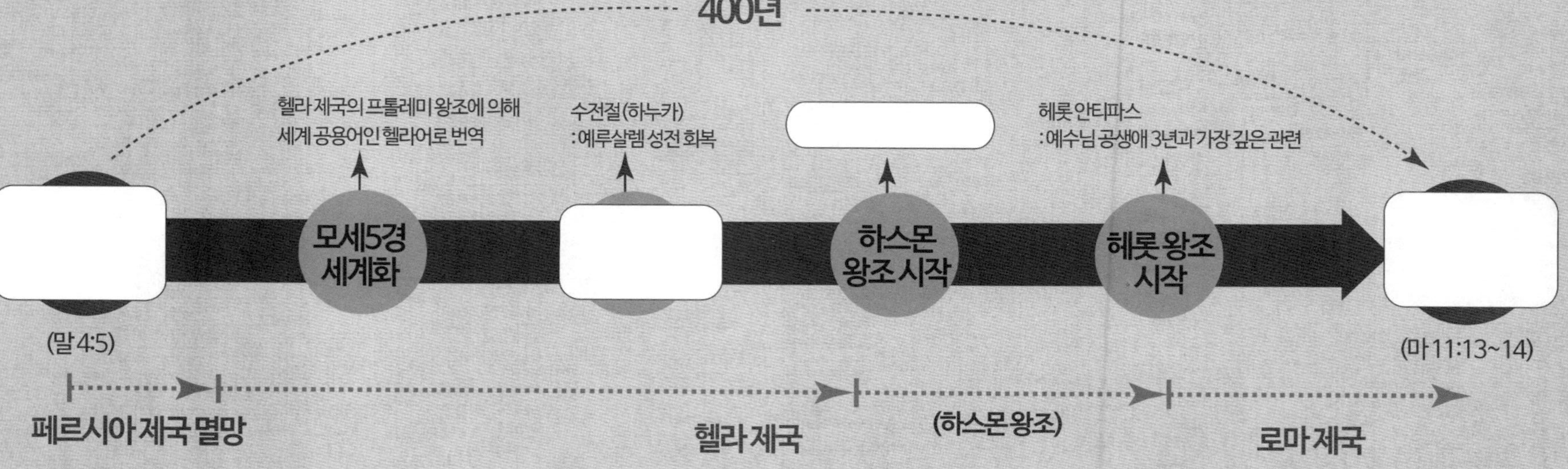


《통성경 길라잡이》p.251 참조

# 통通트랙 4
# 중간사 400년

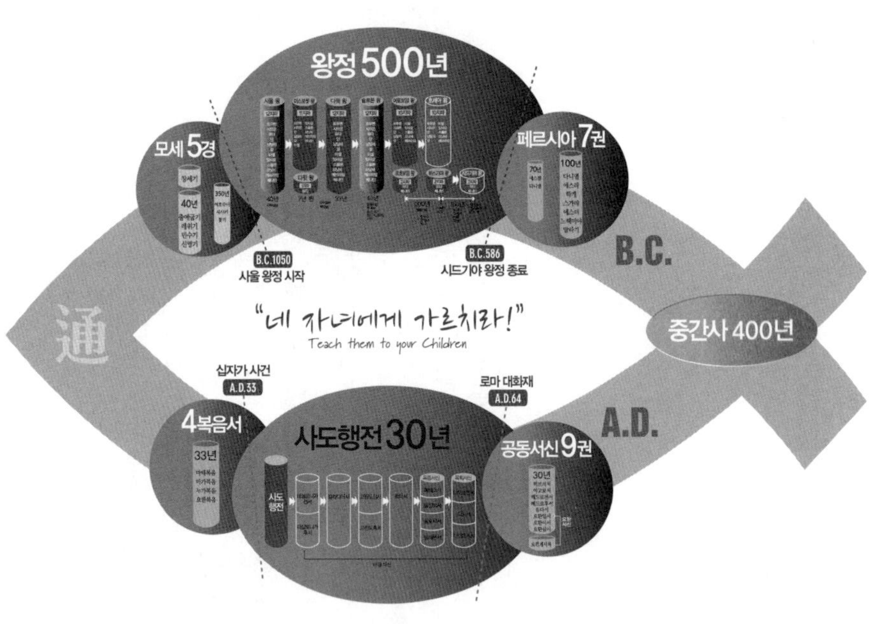

왕정 500년
모세 5경
페르시아 7권
B.C.1050
사울 왕정 시작
B.C.586
시드기야 왕정 종료
B.C.
通
"네 자녀에게 가르치라!"
Teach them to your Children
중간사 400년
십자가 사건
A.D.33
로마 대화재
A.D.64
A.D.
4복음서
33년
사도행전 30년
공동서신 9권
30년

# 통通성경 길라잡이
# 32~35과

32. 헬라 제국과 중간사 – 모세오경의 세계화

33. 헬라제국과 중간사 – 마카비 혁명

34. 하스몬 왕조와 중간사 – 왕 겸 대제사장 통치

35. 로마 제국과 중간사 – 헤롯 왕조

왕정 500년

모세 5경

창세기

40년 출애굽기 레위기 민수기 신명기

350년 여호수아 사사기 룻기

페르시아 7권

B.C.

B.C.1050 사울 왕정 시작

B.C.586 시드기야 왕정 종료

通

"네 자녀에게 가르치라!"
Teach them to your Children

중간사 400년

십자가 사건 A.D.33

로마 대화재 A.D.64

4복음서

33년 마태복음 마가복음 누가복음 요한복음

사도행전 30년

공동서신 9권

A.D.

②
③

④
⑤

①

⑦
⑥

⑨
⑧

① ______________________

② ______________________

③ ______________________

④ ______________________

⑤ ______________________

⑥ ______________________

⑦ ______________________

⑧ ______________________

⑨ ______________________

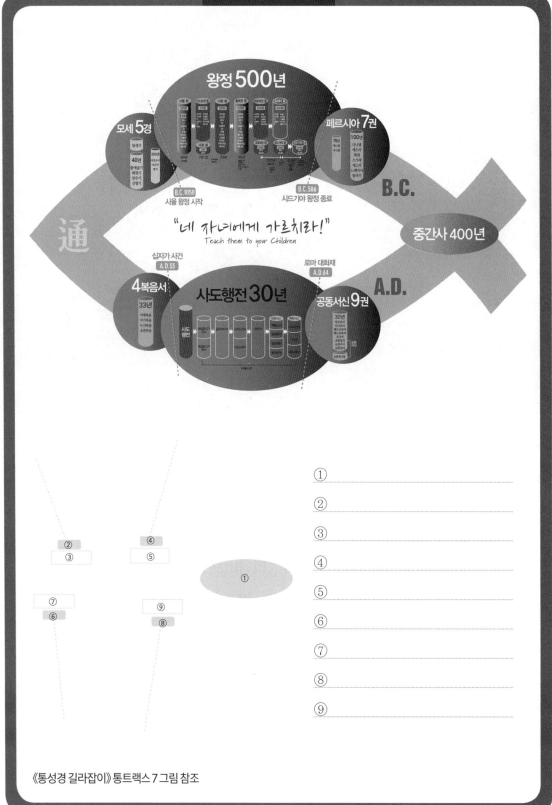

《통성경 길라잡이》통트랙스 7 그림 참조

# '어떻게'와 '이렇게' 사이

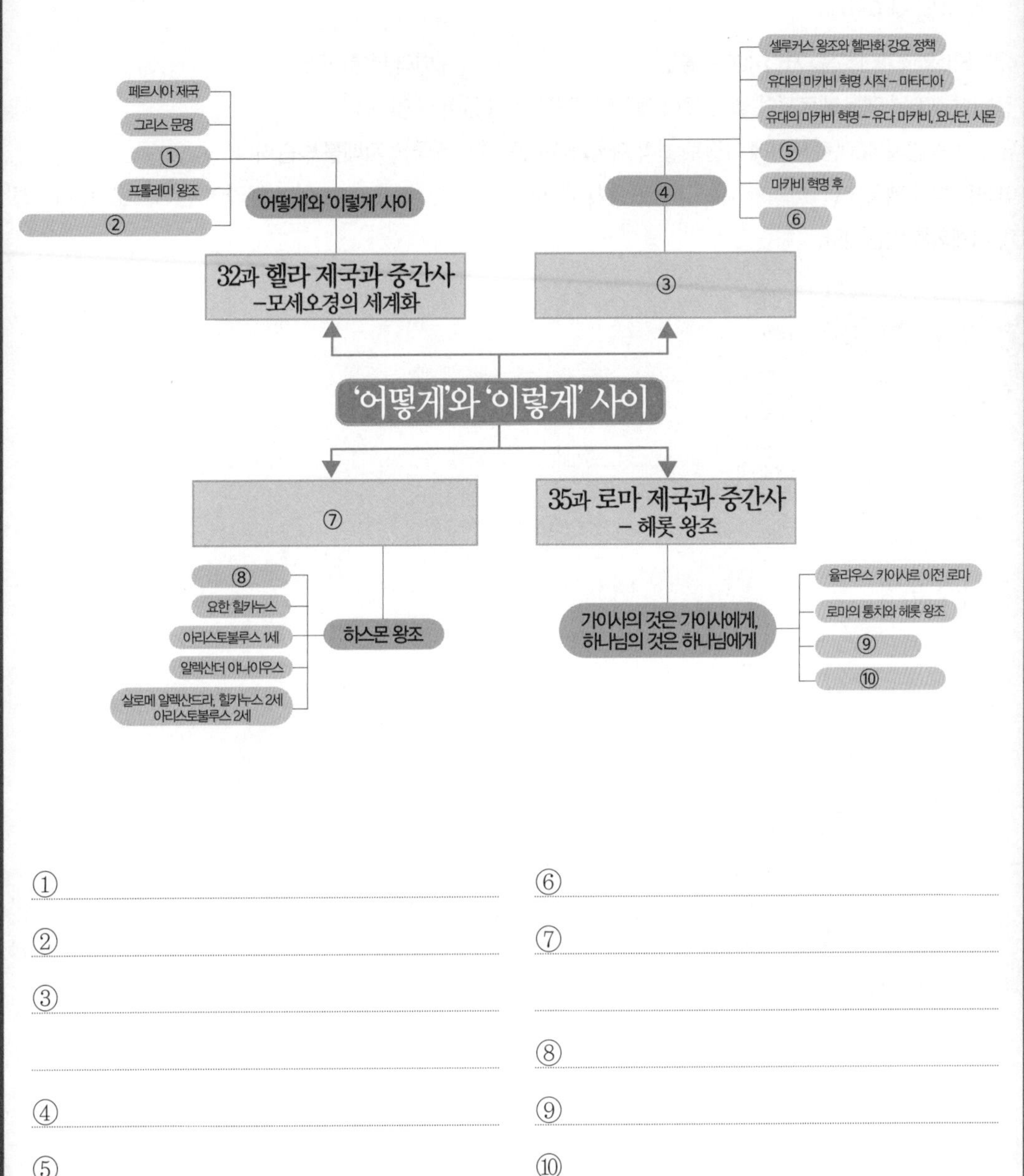
페르시아 제국
그리스 문명
①
프톨레미 왕조
②
'어떻게'와 '이렇게' 사이
32과 헬라 제국과 중간사
–모세오경의 세계화
셀루커스 왕조와 헬라화 강요 정책
유대의 마카비 혁명 시작 – 마타디아
유대의 마카비 혁명 – 유다 마카비, 요나단, 시몬
⑤
④
마카비 혁명 후
⑥
③
'어떻게'와 '이렇게' 사이
⑦
35과 로마 제국과 중간사
– 헤롯 왕조
⑧
요한 힐카누스
아리스토불루스 1세
알렉산더 야나이우스
살로메 알렉산드라, 힐카누스 2세
아리스토불루스 2세
하스몬 왕조
가이사의 것은 가이사에게,
하나님의 것은 하나님에게
율리우스 카이사르 이전 로마
로마의 통치와 헤롯 왕조
⑨
⑩

①

②

③

④

⑤

⑥

⑦

⑧

⑨

⑩

《통성경 길라잡이》p.253 참조

# 32 헬라 제국과 중간사 - 모세오경의 세계화

## 통通으로 외우기

① <말라기>와 <마태복음> 사이 400년을 '(                              )'이라 부릅니다.

② '중간사 400년'에는 페르시아, 헬라, 로마 제국의 흥망성쇠가 들어 있습니다.

③ 유대는 '중간사 400년' 사이에 이집트 헬라 제국과 시리아 헬라 제국의 지배를 받습니다.

④ 이집트 헬라 제국의 (                    ) 왕조 통치 때 히브리어 '(                    )'의 헬라어 번역으로 '모세오경'의 세계화를 이룹니다.

## 스토리 요약하기

1. 페르시아 제국

2. 그리스 문명

3. 헬라 제국

4. 프톨레미 왕조

5. 프톨레미 왕조(이집트 헬라 제국)와 모세오경의 세계화

# 33 헬라 제국과 중간사-마카비 혁명

## 통通으로 외우기

①(　　　　　　　　)은 유대가 시리아 헬라 제국의 지배를 받을 때 일어난 저항이었습니다.

② 마카비 혁명 후 하시딤이 마카비 가문과 뜻을 달리하면서 유대는 사두개파, (　　　　　　), 에세네파 등으로 나뉩니다.

## 스토리 요약하기

1. 셀루커스 왕조(시리아 헬라 제국)와 헬라화 강요 정책

2. 유대의 마카비 혁명 시작 – 마타디아

3. 유대의 마카비 혁명 – 유다 마카비, 요나단, 시몬

4. 수전절(하누카)

5. 마카비 혁명 후

6. 유대 분파

# 34 하스몬 왕조와 중간사-왕 겸 대제사장 통치

## 통通으로 외우기

①마카비 혁명을 성공시킨 하스몬 가문이 세운 왕조가 '(                    )'입니다.
②'하스몬 왕조'는 80년간 (          )를 독립국가로 이끌었습니다.

## 스토리 요약하기

1. 하스몬 왕조

2. 요한 힐카누스

3. 아리스토불루스 1세

4. 알렉산데스 야나이우스

5. 살로메 알렉산드라, 힐카누스 2세, 아리스토불루스 2세

# 35 로마 제국과 중간사-헤롯 왕조

## 통通으로 외우기

① 신약성경 전체 27권은 모두 (                ) 제국의 통치하에서 일어났던 일입니다.

② 로마는 (                    )를 유대의 분봉 왕으로 삼아 예루살렘을 효과적으로 다스렸습니다.

## 스토리 요약하기

1. 율리우스 카이사르 이전 로마

2. 로마의 통치와 헤롯 왕조

3. 예수님과 가이사

4. 신약 시대 로마 총독들

통通프레임

# 은혜 언약과 쌍무 언약을 통通으로

GRACE COVENANT AND BILATERAL COVENANT THROUGH TONG

**아브라함,이삭,야곱 =** ______ "땅의 모든 족속이 너로 말미암아 복을 얻을 것이라" (창 12:2~3)

- 은혜 언약 기반 위에 출애굽 (출 12:37~42)

______ "너희가 내게 대하여 제사장 나라가 되며 거룩한 백성이 되리라" "명령하신 대로 우리가 다 행하리이다" (출 19:5~8) 레위기 제사장 나라 처벌 1, 2, 3단계 법 예고(레 26장)

- 쌍무 언약 위기 1⇒ 금송아지 사건 (출 32:7~10)
- 쌍무 언약 위기 2⇒ 가데스 바네아 정탐 사건 (민 14:11~12)
- ______

**다윗 언약 = 성전 건축을 통한 왕권의 지속 약속** "그는 내 이름을 위하여 집을 건축할 것이요 나는 그의 나라 왕위를 영원히 견고하게 하리라" (삼하 7:13)

- 북이스라엘 멸망 (왕하 17장)
- 남유다 멸망 (왕하 25장)

______ **= 네 가지 70년을 통한 새 언약 예고** 쌍무 언약의 한계를 느끼고, 은혜 언약으로 긍휼을 깨닫다 "보라 날이 이르리니 내가 이스라엘 집과 유다 집에 새 언약을 맺으리라" (렘 31:31)

- 네 가지 70년 (징계, 교육, 안식, 바벨론 제국 수명)
  : 돌 같은 마음을 제거, 살처럼 부드러운 마음으로
- 에스겔의 화평 언약 (겔 37:26~28)
- ______ (말 4:5~6)
  "마음을 돌이키게 하리라" (말 4:6)
- 세례 요한(엘리야)의 외침
  : 마음을 돌이키라. 하나님 나라가 가까이 왔다 (마 3:2)

**예수님의 십자가 =** ______ ______

: "다 이루었다" (요 19:30)

"**모든 민족**을 제자로 삼아 … 너희에게 분부한 모든 것을 가르쳐 지키게 하라" (마 28:19~20)



《통성경 길라잡이》p.283 참조

## 역사순 배열

### 구약성경

1. 창 (1~17일) 원역사 시대, 족장 시대
2. 출·레·민·신 (18~70일) 출애굽 시대, 광야 시대
3. 수·삿·룻 (71~87일) 가나안 정착 시대, 사사 시대
4. 삼상·삼하+다윗 시편 일부 (88~111일) 통일왕국 : 사울, 다윗
5. 왕상 1~10장+잠·아 (112~125일) 통일왕국 : 솔로몬 전기 및 시가서
6. 왕상 11장+전+욥·시 (126~158일) 통일왕국 : 솔로몬 후기 및 시가서
7. 왕상 12장~왕하 14장+암·호·욘 (159~174일) 분열왕국 : 북이스라엘의 쇠퇴
8. 왕하 15장~18:12+사 1~35장 (175~184일) 분열왕국 : 북이스라엘의 멸망
9. 왕하 18:13~20장+사 36~66장+미 (185~196일) 분열왕국 : 남유다의 위기
10. 왕하 21~23장+습·합·나·욜 (197~201일) 분열왕국 : 남유다의 중흥
11. 왕하 24장+렘 1~38장 (202~214일) 분열왕국 : 남유다의 쇠퇴
12. 왕하 25장+렘 39~52장+애·옵 (215~222일) 분열왕국 : 남유다의 멸망
13. 대상·대하 (223~242일) 통일왕국~남유다의 멸망(중복기록)
14. 겔·단 (243~264일) 바벨론 포로 시대
15. 스 1~4장+학·슥+스 5~6장 (265~271일) 1차 포로 귀환 : 성전 건축
16. 에+스 7~10장 (272~275일) 2차 포로 귀환 : 율법 교육
17. 느·말 (276~280일) 3차 포로 귀환 : 성벽 건축

### 신약성경

1. 마·막·눅·요 (281~315일) 예수님의 생애
2. 행 1~12장 (316~319일) 열리는 제자 시대
3. 행 13장~15:35 (320일) 바울의 1차 전도여행
4. 행 15:36~18:22+살전·살후·갈 (321~325일) 바울의 2차 전도여행 및 서신서
5. 행 18:23~20:6+고전·고후 + 롬 (326~339일) 바울의 3차 전도여행 및 서신서
6. 행 20:7~28장+엡·빌·골·몬 (340~347일) 바울의 로마행과 옥중서신
7. 딤전·딛+딤후 (348~350일) 바울의 목회서신
8. 히·약·벧전·벧후·유 (351~357일) 공동서신
9. 요일·요이·요삼+계 (358~365일) 요한의 공동서신 및 계시록

통通트랙 5
4복음서

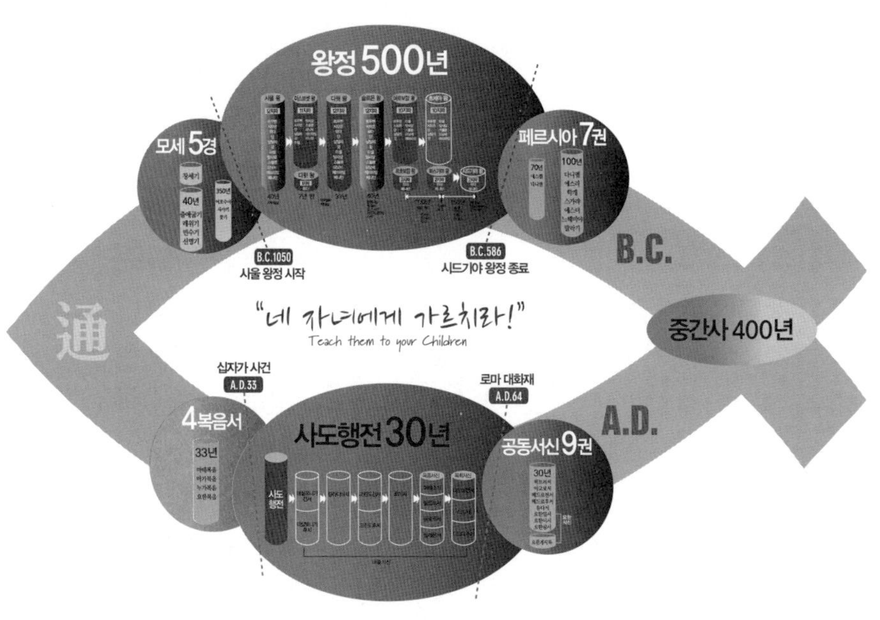
왕정 500년
모세 5경
페르시아 7권
B.C.1050
사울 왕정 시작
B.C.586
시드기야 왕정 종료
B.C.
通
"네 자녀에게 가르치라!"
Teach them to your Children
중간사 400년
십자가 사건
A.D.33
로마 대화재
A.D.64
A.D.
4복음서
33년
사도행전 30년
공동서신 9권
30년

# 통通성경 길라잡이
# 36~41과

36. 예수님의 탄생
37. 예수님의 한 영혼 사랑
38. 사랑 때문에 피곤하신 예수님
39. 사마리아인과 세리의 친구 예수님
40. 마지막 일주일 - 1차 산헤드린 공회 재판과 빌라도 재판
41. 십자가 승리 - 하나님 나라

# 4복음서

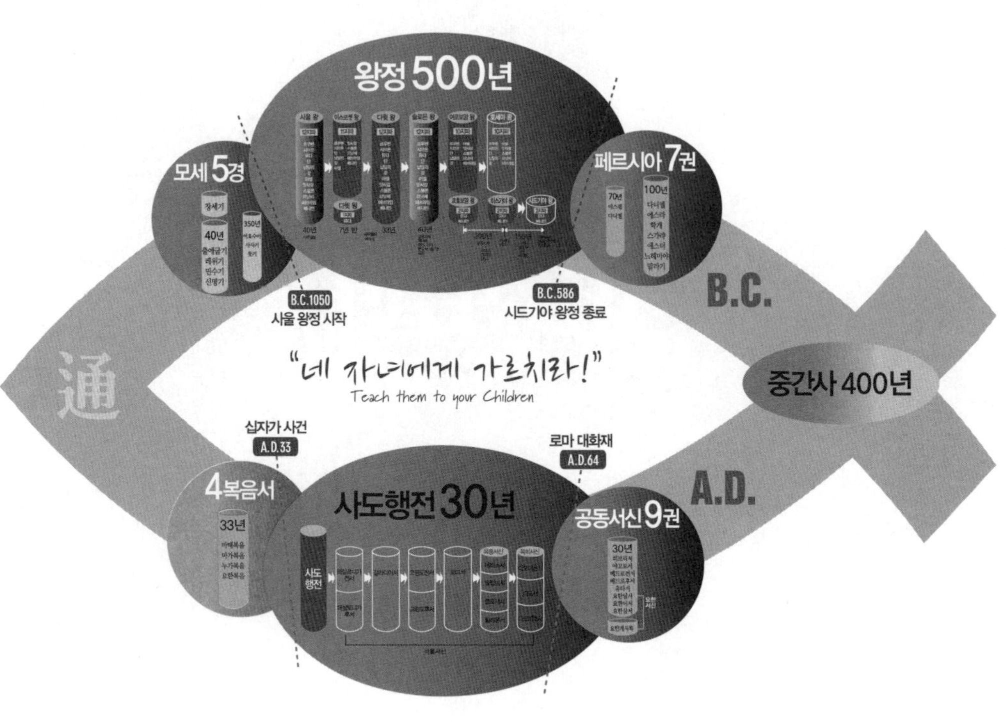


① 년

②

①

②

《통성경 길라잡이》 통트랙스 7 그림 참조

# 기쁨을 위한 탄생

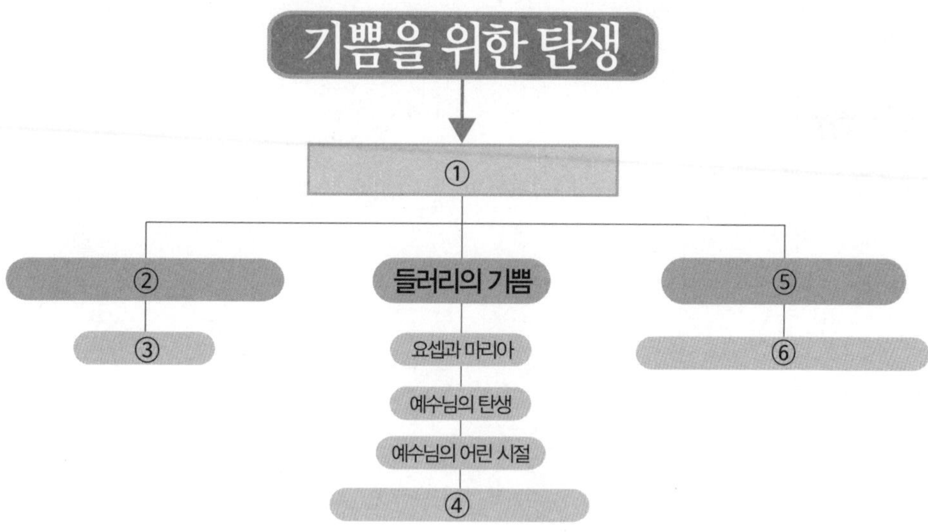
기쁨을 위한 탄생
①
②
들러리의 기쁨
⑤
③
요셉과 마리아
⑥
예수님의 탄생
예수님의 어린 시절
④

①

②

③

④

⑤

⑥

《통성경 길라잡이》p.285 참조

# 36 예수님의 탄생 마, 막, 눅, 요

통通으로 외우기

① 예수님의 탄생은 (                    )과 (                    )에 기록되어 있습니다.

② 예수님의 탄생과 어린 시절, 예수님이 오실 길을 예비한 (                    ) 이야기, 즉 예수님의 공생애 이전의 사건들을 살펴봅니다.

스토리 요약하기

1. 예수님의 족보 (마 1:1~17/ 막 1:1/ 눅 1:1~4; 3:23~38/ 요 1:1~18)

2. 요셉과 마리아 (마 1:18~25/ 눅 1:26~56)

3. 예수님의 탄생 (마 2:1~12/ 눅 2:1~21)

4. 예수님의 어린 시절 (마 2:13~23/ 눅 2:22~52)

5. 예수님의 길을 예비한 세례 요한
(마 3장 (11:1~19; 14:1~12)/ 막 1:2~11 (6:14~29)/ 눅 1:5~25,57~80; 3:1~22 (7:18~35)/ 요 1:19~34 (3:22~36))

6. 시험을 받으신 예수님과 구약의 기록 (마 4:1~11/ 막 1:12~13/ 눅 4:1~13)

### 하나님 마음으로 충전하기

“(　　　　　　　)과 (　　　　　　)의 자손 예수 그리스도의 계보라”(마 1:1)

“내 눈이 주의 구원을 보았사오니 이는 (　　　　) 앞에 예비하신 것이요 이방을 비추는 (　　)이요 주의 백성 이스라엘의 (　　　　)이니이다 하니”(눅 2:30~32)

### 통독성경 다섯 가지 포인트 필사하기

**281일** (통독성경 신약 p.1)

ㅇ 제목　　　　　　　　　　　　　　ㅇ 범위

ㅇ 다섯 가지 포인트

①

②

③

④

⑤

## 282일 (통독성경 신약 p.7)

ㅇ 제목 ㅇ 범위

ㅇ 다섯 가지 포인트

①

②

③

④

⑤

## 283일 (통독성경 신약 p.14)

ㅇ 제목 ㅇ 범위

ㅇ 다섯 가지 포인트

①

②

③

④

⑤

## 284일 (통독성경 신약 p.21)

ㅇ 제목 ㅇ 범위

ㅇ 다섯 가지 포인트

①

②

③

④

⑤

## 285일 (통독성경 신약 p.30)

ㅇ 제목 ㅇ 범위

ㅇ 다섯 가지 포인트

①

②

③

④

⑤

13마당

# 한 영혼 사랑

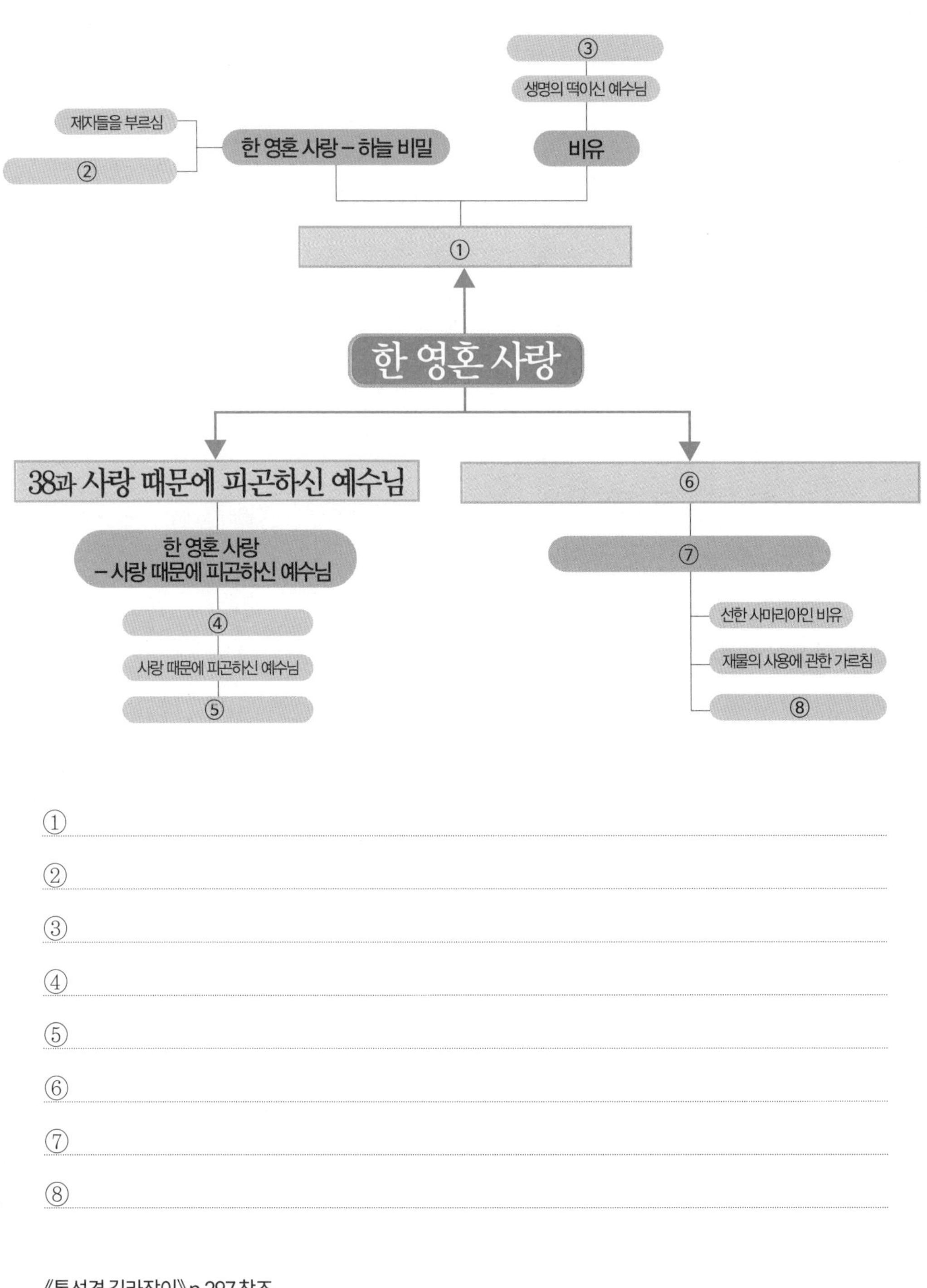

③
생명의 떡이신 예수님
제자들을 부르심
한 영혼 사랑 – 하늘 비밀
비유
②
①
한 영혼 사랑
38과 사랑 때문에 피곤하신 예수님
⑥
한 영혼 사랑
– 사랑 때문에 피곤하신 예수님
⑦
④
선한 사마리아인 비유
사랑 때문에 피곤하신 예수님
재물의 사용에 관한 가르침
⑤
⑧

① 

② 

③ 

④ 

⑤ 

⑥ 

⑦ 

⑧ 

《통성경 길라잡이》p.297 참조

# 37 예수님의 한 영혼 사랑 마, 막, 눅, 요 / 공생애 3년 ①

## 통通으로 외우기

① 하나님의 (　　　　　)로 이 땅에 오신 예수님께서 직접 당신의 손을 사용하셔서 사람들을 어루만지고 치유하시며 (　　　　　　　)을 전파하신 (　　　　)간의 기록을 함께 살펴봅니다.

② 예수님께서 사역을 시작하신 이후부터 십자가를 지시기 위해 (　　　　　　　　　)째인 유월절에 예루살렘에 올라가시기 전까지의 기간이 그 중심이 됩니다.

## 스토리 요약하기

1. 제자들을 부르심
(마 4:12~25; 10장; 16~17장/ 막 1:14~20; 2:13~17; 3:13~19; 8:27~9장/ 눅 4:14~6:19; 9장~10:24/ 요 1:35~2:12)

2. 예수님의 가르침, 산상수훈 (마 5~7장/ 눅 6:20~49; 11~12장)

3. 비유로 가르치신 예수님 (마 13장/ 막 4:1~34/ 눅 8:4~21; 13장)

4. 생명의 떡이신 예수님 (마 14:13~36; 15:32~39/ 막 6:30~56; 8:1~26/ 눅 9:1~17/ 요 3:1~21; 4:1~42; 6~7장)

## 하나님 마음으로 충전하기

"하나님이 세상을 이처럼 사랑하사 독생자를 주셨으니 이는 그를 믿는 자마다 멸망하지 않고 (　　　)을 얻게 하려 하심이라 하나님이 그 (　　　　)을 세상에 보내신 것은 세상을 심판하려 하심이 아니요 그로 말미암아 세상이 (　　　　)을 받게 하려 하심이라"(요 3:16~17)

## 통독성경 다섯 가지 포인트 필사하기

### 286일 (통독성경 신약 p.36)

ㅇ 제목

ㅇ 범위

ㅇ 다섯 가지 포인트

①

②

③

④

⑤

### 287일 (통독성경 신약 p.44)

ㅇ 제목

ㅇ 범위

ㅇ 다섯 가지 포인트

①

②

③

④

⑤

## 288일 (통독성경 신약 p.52)

ㅇ 제목

ㅇ 범위

ㅇ 다섯 가지 포인트

①

②

③

④

⑤

## 289일 (통독성경 신약 p.58)

ㅇ 제목

ㅇ 범위

ㅇ 다섯 가지 포인트

①

②

③

④

⑤

## 290일 (통독성경 신약 p.68)

ㅇ 제목 ㅇ 범위

ㅇ 다섯 가지 포인트

①

②

③

④

⑤

## 291일 (통독성경 신약 p.75)

ㅇ 제목 ㅇ 범위

ㅇ 다섯 가지 포인트

①

②

③

④

⑤

# 38 사랑 때문에 피곤하신 예수님 마, 막, 눅, 요 / 공생애 3년 ②

## 통通으로 외우기

① 예수님의 공생애 3년은 식사하실 겨를도 없으실 정도로 바쁘게 (                    )하는 일에 온 정성을 다 쏟으신 기간입니다.

② 예수님께서는 밤에 배를 타고 갈릴리 바다를 건너실 때에 큰 풍랑이 일어나도 느끼지 못하고 주무셨습니다. 낮 동안 쉬지 않고 병든 자들을 고치시고 (                    )를 가르치시느라 많이 피곤하셨기 때문입니다. 그런데 예수님께서는 그 밤에도 (                )을 (            )하시고자 피곤을 무릅쓰고 갈릴리 바다를 건너가셨습니다.

## 스토리 요약하기

1. 사람을 사랑하는 예수님의 손
(마 8:1~17/ 막 1:21~3:12,20~35 / 눅 4:14~6:11; 7:1~17; 8:40~56/ 요 4:43~5장; 9장)

2. 사랑 때문에 피곤하신 예수님 (마 8:18~27/ 막 4:35~41/ 눅 8:22~25)

3. 거라사 광인을 온전하게 하심 (마 8:28~34/ 막 5:1~20/ 눅 8:26~39)

## 하나님 마음으로 충전하기

"예수께서 (                ) 여기사 (      )을 내밀어 그에게 (                ) 이르시되 내가 원하노니 깨끗함을 받으라 하시니 곧 나병이 그 사람에게서 떠나가고 깨끗하여진지라"(막 1:41~42)

"집에 들어가시니 무리가 다시 모이므로 (            )할 겨를도 없는지라"(막 3:20)

## ✪ 통독성경 다섯 가지 포인트 필사하기

### 292일 (통독성경 신약 p.83)

ㅇ 제목　　　　　　　　　　　　ㅇ 범위

ㅇ 다섯 가지 포인트

①

②

③

④

⑤

### 293일 (통독성경 신약 p.88)

ㅇ 제목　　　　　　　　　　　　ㅇ 범위

ㅇ 다섯 가지 포인트

①

②

③

④

⑤

## 294일 (통독성경 신약 p.94)

ㅇ 제목 ㅇ 범위

ㅇ 다섯 가지 포인트

①

②

③

④

⑤

## 295일 (통독성경 신약 p.102)

ㅇ 제목 ㅇ 범위

ㅇ 다섯 가지 포인트

①

②

③

④

⑤

## 296일 (통독성경 신약 p.110)

ㅇ 제목

ㅇ 범위

ㅇ 다섯 가지 포인트

①

②

③

④

⑤

## 297일 (통독성경 신약 p.118)

ㅇ 제목

ㅇ 범위

ㅇ 다섯 가지 포인트

①

②

③

④

⑤

# 39 사마리아인과 세리의 친구 예수님 마, 막, 눅, 요 / 공생애 3년 ③

## 통通으로 외우기

① 사람들은 누구나 힘 있고 능력 있는 사람을 친구로 사귀려 합니다. 그러나 예수님께서는 당시 유대인들이 가장 멀리하려 했던 세리와 창기 그리고 (          )들의 (          )가 되어주셨습니다.

② 예수님께서는 높고 높은 (          )에서 낮고 낮은 이 땅에 오셔서 우리의 (          )가 되어주셨습니다.

## 스토리 요약하기

1. 선한 사마리아인 비유 (마 9장; 11:20~12장/ 막 5:21~6:13; 10:1~16/ 눅 7:36~50; 10:25~42)

2. 재물의 사용에 관한 가르침 (마 19:16~30/ 막 7:1~23; 10:17~31/ 눅 12:13~21; 16장; 18:18~43)

3. 소외된 자들의 친구 예수님
(마 15:1~31; 18장~19:15/ 막 7:24~37/ 눅 14~15장; 17장~18:17; 19:1~10/ 요 8, 10~11장)

## 하나님 마음으로 충전하기

"예수께서 들으시고 이르시되 건강한 자에게는 의사가 쓸 데 없고 병든 자에게라야 쓸 데 있느니라 너희는 가서 내가 (          )을 원하고 제사를 원하지 아니하노라 하신 뜻이 무엇인지 배우라 나는 의인을 부르러 온 것이 아니요 (          )을 부르러 왔노라 하시니라"(마 9:12~13)

"(          )는 멀리 서서 감히 눈을 들어 하늘을 쳐다보지도 못하고 다만 가슴을 치며 이르되 하나님이여 불쌍히 여기소서 나는 (          )이로소이다 하였느니라 내가 너희에게 이르노니 이에 저 바리새인이 아니고 이 사람이 (          ) 하심을 받고 그의 집으로 내려갔느니라 무릇 자기를 높이는 자는 낮아지고 자기를 (          ) 자는 높아지리라 하시니라"(눅 18:13~14)

## ★ 통독성경 다섯 가지 포인트 필사하기

### 298일 (통독성경 신약 p.123)

ㅇ 제목　　　　　　　　　　　　ㅇ 범위

ㅇ 다섯 가지 포인트

①

②

③

④

⑤

### 299일 (통독성경 신약 p.129)

ㅇ 제목　　　　　　　　　　　　ㅇ 범위

ㅇ 다섯 가지 포인트

①

②

③

④

⑤

## 300일 (통독성경 신약 p.136)

ㅇ 제목 ㅇ 범위

ㅇ 다섯 가지 포인트

①

②

③

④

⑤

## 301일 (통독성경 신약 p.143)

ㅇ 제목 ㅇ 범위

ㅇ 다섯 가지 포인트

①

②

③

④

⑤

## 302일 (통독성경 신약 p.153)

○ 제목 ○ 범위

○ 다섯 가지 포인트

①

②

③

④

⑤

## 303일 (통독성경 신약 p.160)

○ 제목 ○ 범위

○ 다섯 가지 포인트

①

②

③

④

⑤

## 용서를 향한 열정

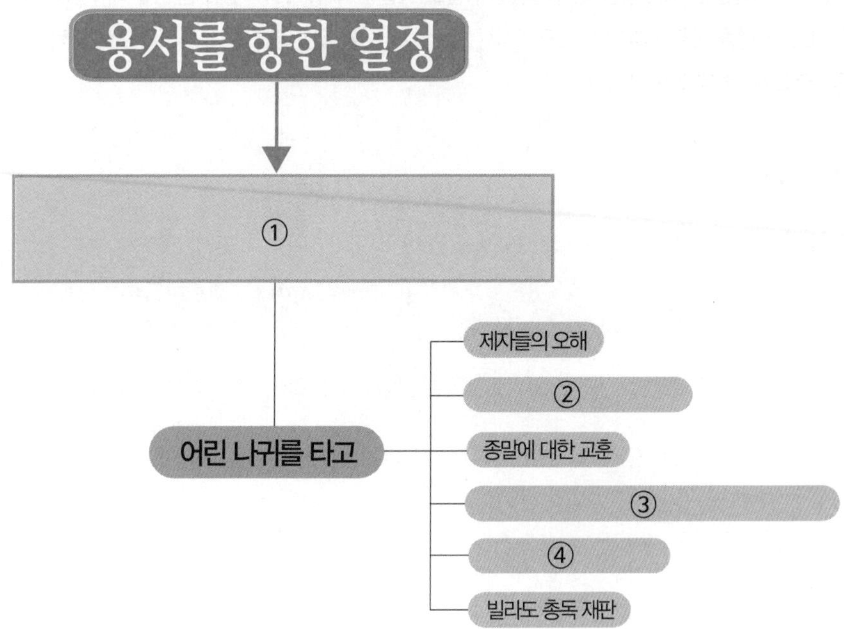
용서를 향한 열정
①
어린 나귀를 타고
제자들의 오해
②
종말에 대한 교훈
③
④
빌라도 총독 재판

①

②

③

④

《통성경 길라잡이》p.313 참조

# 40 마지막 일주일 - 1차 산헤드린 공회 재판과 빌라도 재판 마, 막, 눅, 요

## 통通으로 외우기

① 예수님의 공생애 3년은 결국 예수님의 마지막 일주일로 귀결됩니다. 마지막 일주일 동안 예수님께서는 (　　　　　　) 에 입성하시고, 성전을 정결하게 하시고, 마지막 (　　　　　　)을 첫 번째 (　　　　　　)으로 지키시고, (　　　　　　) 에서 인류 구원의 대속을 이루십니다.

## 스토리 요약하기

1. 제자들의 오해 (마 20장/ 막 10:32~52/ (눅 9:46~48))

2. 예루살렘 입성과 성전 청결 (마 21:12~46/ 막 11:12~12:12/ 눅 19:28~48/ 요 12:1~43 (2:13~25))

3. 종말에 대한 교훈 (마 24~25장/ 막 13장/ 눅 19:11~44; 21:5~38/ 요 12:44~50)

4. 마지막 유월절 첫 번째 성찬식 – 새 언약 체결 (마 26:1~35/ 막 14:1~31/ 눅 22:1~38/ 요 13~17장)

5. 1차 산헤드린 공회 재판 (마 26:36~75/ 막 14:32~72/ 눅 22:39~62/ 요 18:1~27)

6. 빌라도 총독 재판 (마 27:1~26/ 막 15:1~15/ 눅 23:1~25/ 요 18:28~19:16)

## 하나님 마음으로 충전하기

"또 떡을 가져 감사 기도 하시고 떼어 그들에게 주시며 이르시되 이것은 너희를 위하여 주는 내 몸이라 너희가 이를 행하여 (                    ) 하시고 저녁 먹은 후에 잔도 그와 같이 하여 이르시되 이 잔은 내 (        )로 세우는 (              )이니 곧 너희를 위하여 붓는 것이라"(눅 22:19~20)

"예수께서 이르시되 네가 말하였느니라 그러나 내가 너희에게 이르노니 이 후에 인자가 (          )의 우편에 앉아 있는 것과 (              )을 타고 (          ) 것을 너희가 보리라 하시니"(마 26:64)

## 통독성경 다섯 가지 포인트 필사하기

**304일** (통독성경 신약 p.165)

ㅇ 제목　　　　　　　　　　　　　　　　ㅇ 범위

ㅇ 다섯 가지 포인트

①

②

③

④

⑤

## 305일 (통독성경 신약 p.170)

o 제목

o 범위

o 다섯 가지 포인트

①

②

③

④

⑤

## 306일 (통독성경 신약 p.177)

o 제목

o 범위

o 다섯 가지 포인트

①

②

③

④

⑤

## 307일 (통독성경 신약 p.183)

ㅇ 제목

ㅇ 범위

ㅇ 다섯 가지 포인트

①

②

③

④

⑤

## 308일 (통독성경 신약 p.190)

ㅇ 제목

ㅇ 범위

ㅇ 다섯 가지 포인트

①

②

③

④

⑤

## 309일 (통독성경 신약 p.200)

○ 제목

○ 범위

○ 다섯 가지 포인트

①

②

③

④

⑤

# 마지막 유월절 첫 번째 성찬식

THE LAST PASSOVER AND FIRST COMMUNION

## '이 날'을 기념하라에서

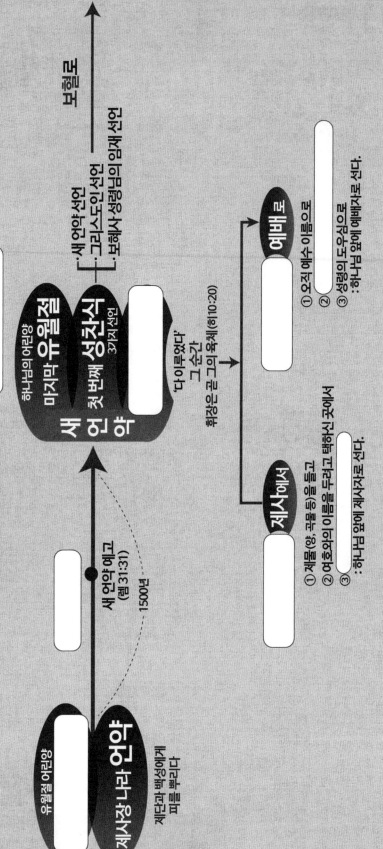

유월절 어린양

제사장 나라 언약

제단과 백성에게
피를 뿌리다

새 언약 예고
(렘 31:31)

1500년

새 언약

하나님의 어린양
마지막 유월절

첫 번째 성찬식
3가지 선언

- ·새 언약 선언
- ·그리스도인 선언
- ·보혜사 성령님의 임재 선언

보혈로

'다 이루었다'
그 순간
휘장은 곧 그의 육체(히10:20)

제사에서

① 제물(양, 곡물 등)을 들고
② 여호와의 이름을 두려고 택하신 곳에서
③
: 하나님 앞에 제사자로 선다.

예배로

① 오직 예수 이름으로
②
③ 성령의 도우심으로
: 하나님 앞에 예배자로 선다.

《통성경 길라잡이》p.323 참조

통通프레임

THE BIBLE AS JESUS' ONE STORY

# 제사장 나라, 십자가 그 순간, 하나님 나라로

A KINGDOM OF PRIESTS, THE MOMENT OF THE CROSS, THE KINGDOM OF GOD

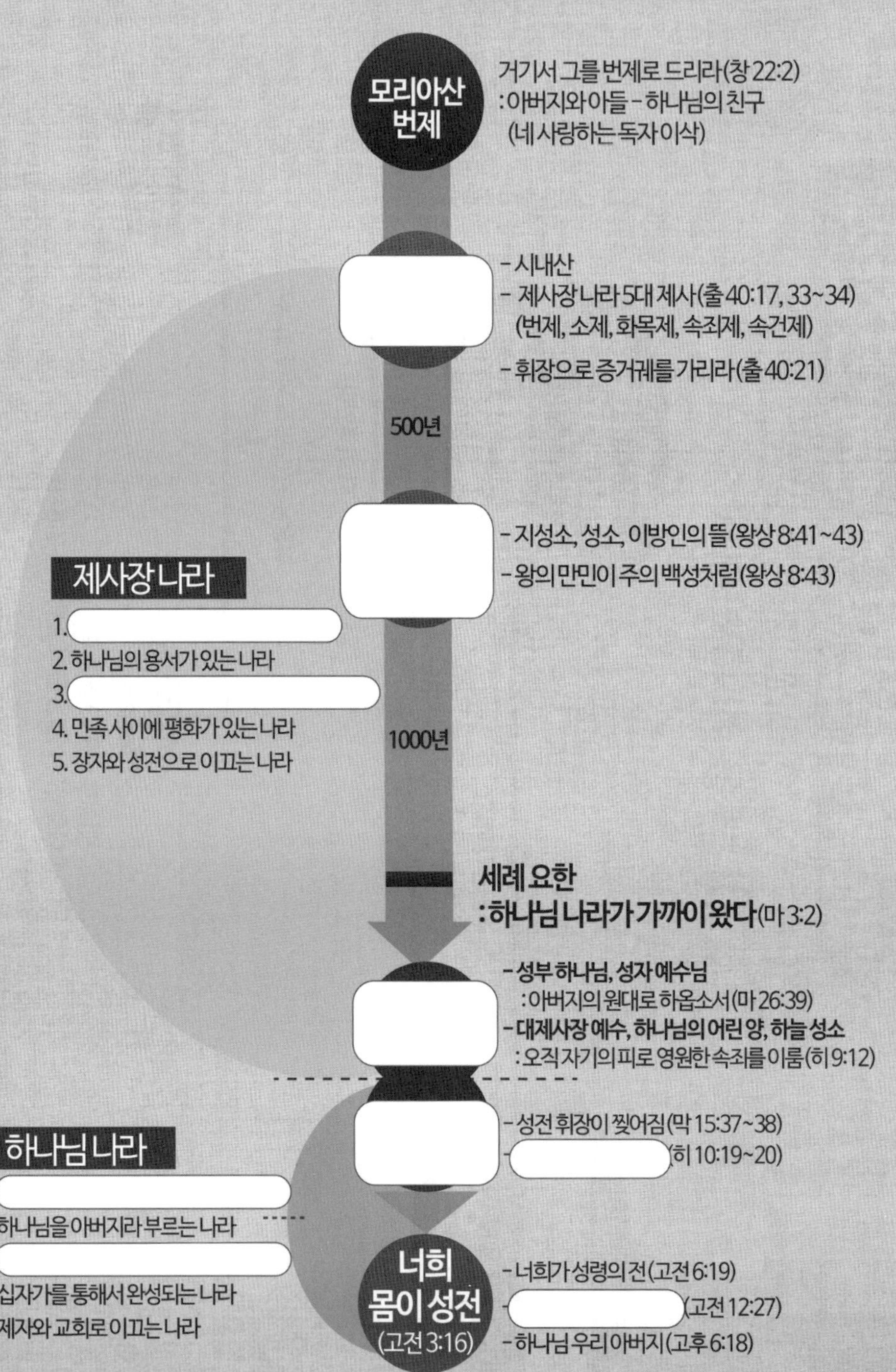




《통성경 길라잡이》p.324 참조

## 영광과 평화로의 초대

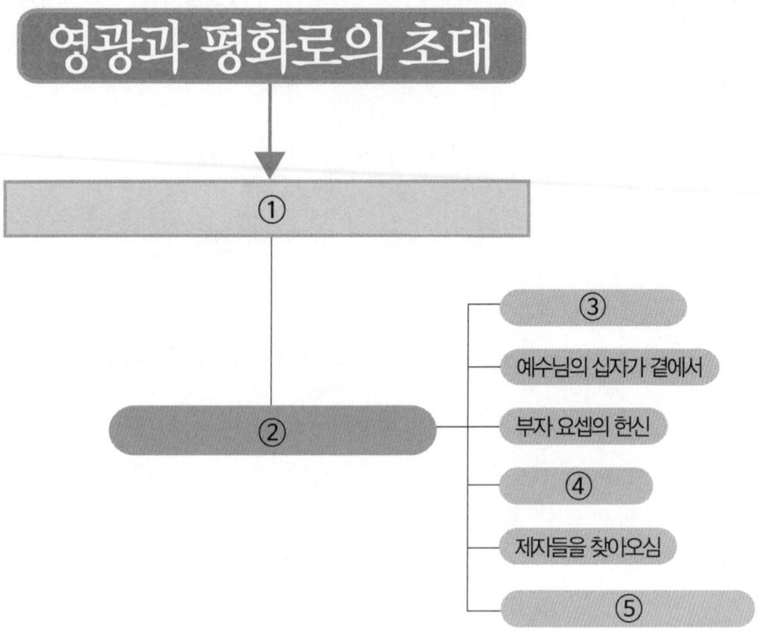


①

②

③

④

⑤

《통성경 길라잡이》p.325 참조

# 41 십자가 승리 - 하나님의 나라 마, 막, 눅, 요

## 통通으로 외우기

① 마침내 예수님께서 골고다 언덕에서 십자가를 지시고 숨을 거두신 후, 장사 지낸 지 (　　　　) 만에 부활하십니다.
② 예수님께서는 실의에 빠져 있던 제자들에게 다시 (　　　　　　　　　　) 그들을 (　　　　)시켜주십니다.

## 스토리 요약하기

1. 계약과 관계의 신비 (마 27:32~54/ 막 15:21~39/ 눅 23:26~48/ 요 19:17~37)

2. 예수님의 십자가 곁에서 (마 27:55~56/ 막 15:40~41/ 눅 23:49 (8:1~3)/ 요 19:25~27)

3. 부자 요셉의 헌신 (마 27:57~66/ 막 15:42~47/ 눅 23:50~56/ 요 19:38~42)

4. 부활의 첫 증인 (마 28:1~15/ 막 16:1~11/ 눅 24:1~12/ 요 20:1~18)

5. 제자들을 찾아오심 (막 16:12~14/ 눅 24:13~43/ 요 20:19~21장)

6. 예수님의 승천과 제자들 파송 (마 28:16~20/ 막 16:15~20/ 눅 24:44~53)

## 하나님 마음으로 충전하기

"예수께서 신 포도주를 받으신 후에 이르시되 (                    ) 하시고 머리를 숙이니 영혼이 떠나가시니라"(요 19:30)

"예수께서 큰 소리를 지르시고 숨지시니라 이에 성소 (          )이 위로부터 아래까지 (          ) 둘이 되니라"(막 15:37~38)

"이르시기를 인자가 죄인의 손에 넘겨져 십자가에 못 박히고 (          )에 다시 (          ) 하리라 하셨느니라 한대 그들이 예수의 말씀을 (          )하고"(눅 24:7~8)

## 통독성경 다섯 가지 포인트 필사하기

### 310일 (통독성경 신약 p.207)

○ 제목 ○ 범위

○ 다섯 가지 포인트

①

②

③

④

⑤

## 311일 (통독성경 신약 p.216)

ㅇ 제목

ㅇ 범위

ㅇ 다섯 가지 포인트

①

②

③

④

⑤

## 312일 (통독성경 신약 p.222)

ㅇ 제목

ㅇ 범위

ㅇ 다섯 가지 포인트

①

②

③

④

⑤

## 313일 (통독성경 신약 p.226)

ㅇ 제목 ㅇ 범위

ㅇ 다섯 가지 포인트

①

②

③

④

⑤

## 314일 (통독성경 신약 p.230)

ㅇ 제목 ㅇ 범위

ㅇ 다섯 가지 포인트

①

②

③

④

⑤

## 315일 (통독성경 신약 p.236)

ㅇ 제목

ㅇ 범위

ㅇ 다섯 가지 포인트

①

②

③

④

⑤

통通프레임

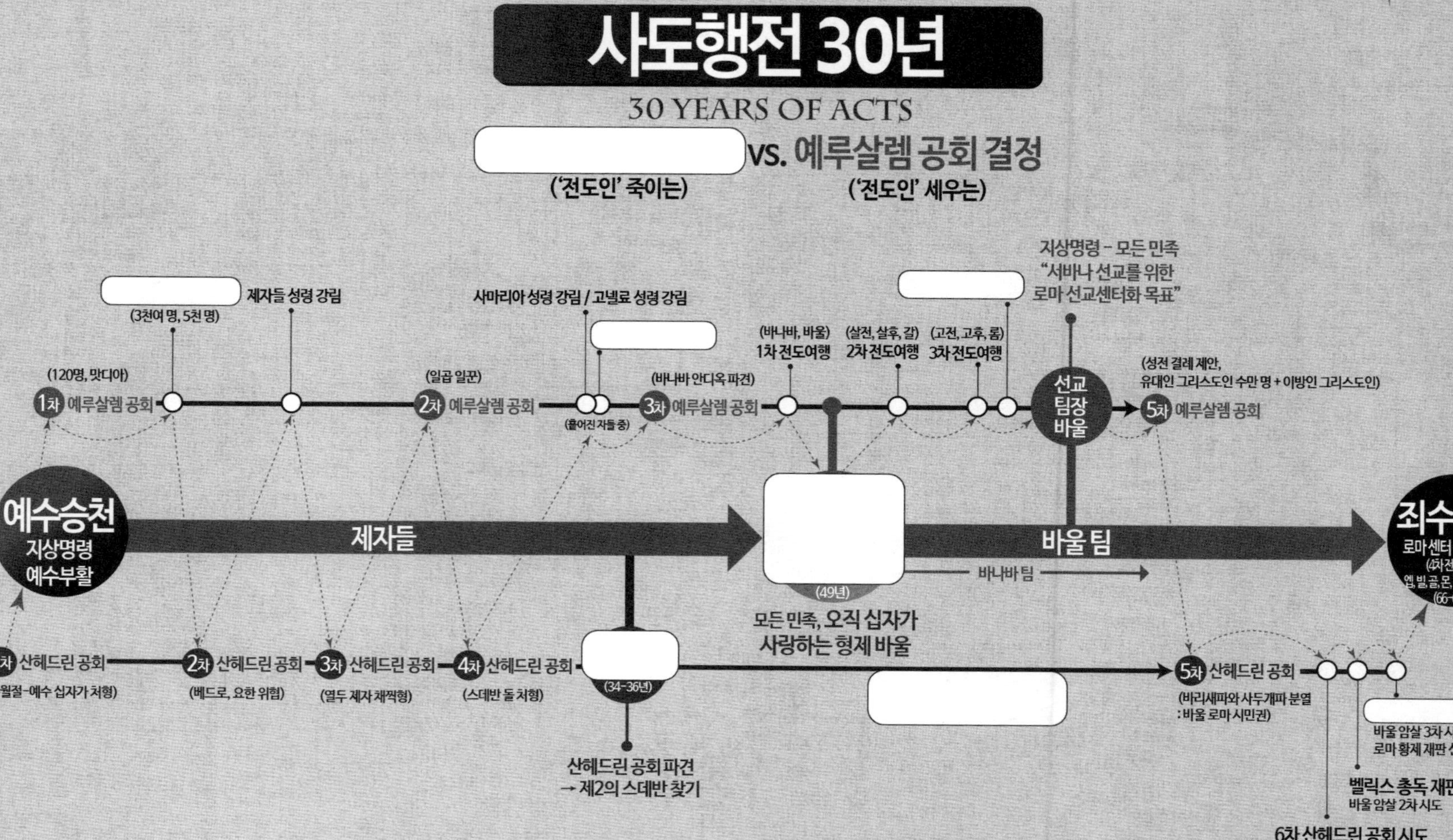

사도행전 30년
30 YEARS OF ACTS
vs. 예루살렘 공회 결정
('전도인' 죽이는)
('전도인' 세우는)
제자들 성령 강림
(3천여 명, 5천 명)
(120명, 맛디아)
1차 예루살렘 공회
(일곱 일꾼)
2차 예루살렘 공회
사마리아 성령 강림 / 고넬료 성령 강림
(흩어진 자들 중)
(바나바 안디옥 파견)
3차 예루살렘 공회
(바나바, 바울)
1차 전도여행
(살전, 살후, 갈)
2차 전도여행
(고전, 고후, 롬)
3차 전도여행
지상명령 - 모든 민족
"서바나 선교를 위한
로마 선교센터화 목표"
선교
팀장
바울
(성전 결례 제안,
유대인 그리스도인 수만 명 + 이방인 그리스도인)
5차 예루살렘 공회
예수승천
지상명령
예수부활
제자들
(49년)
바울 팀
바나바 팀
모든 민족, 오직 십자가
사랑하는 형제 바울
죄수바울
로마센터 활동, 순교
(4차전도여행)
엡, 빌, 골, 몬, 딤전, 딛, 딤후
(66-67년)
1차 산헤드린 공회
(유월절-예수 십자가 처형)
2차 산헤드린 공회
(베드로, 요한 위협)
3차 산헤드린 공회
(열두 제자 채찍형)
4차 산헤드린 공회
(스데반 돌 처형)
(34-36년)
산헤드린 공회 파견
→ 제2의 스데반 찾기
5차 산헤드린 공회
(바리새파와 사두개파 분열
: 바울 로마 시민권)
바울 암살 3차 시도
로마 황제 재판 선택 죄수 확정
벨릭스 총독 재판
바울 암살 2차 시도
6차 산헤드린 공회 시도
바울 암살 1차 시도

《통성경 길라잡이》p.333 참조

# 통通트랙 6

# 사도행전 30년

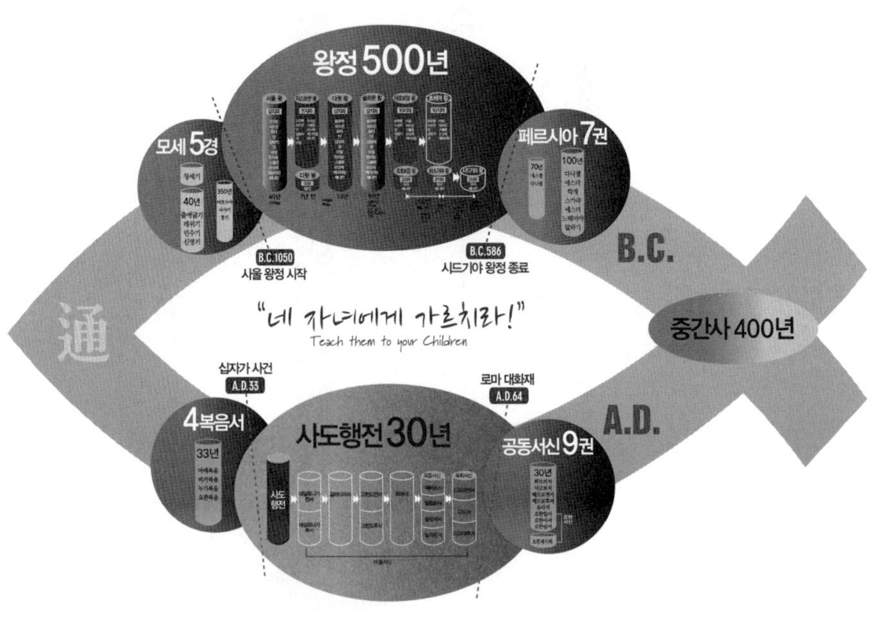
왕정 500년
모세 5경
페르시아 7권
B.C.1050
사울 왕정 시작
B.C.586
시드기야 왕정 종료
B.C.
通
"네 자녀에게 가르치라!"
Teach them to your Children
중간사 400년
십자가 사건
A.D.33
로마 대화재
A.D.64
A.D.
4복음서
사도행전 30년
공동서신 9권

# 통通성경 길라잡이
# 42~49과

42. 열리는 제사 시대 – 2,3,4차 산헤드린 공회 재판
43. 바울의 1차 전도여행 – 예루살렘 공회
44. 바울의 2차 전도여행
45. 바울의 3차 전도여행
46. 바울의 예루살렘 여행 – 5차 산헤드린 공회 재판
47. 죄수 바울 로마 도착
48. 교회론과 기독론
49. 믿음의 아들에게 남긴 편지 – 로마 대화재 사건

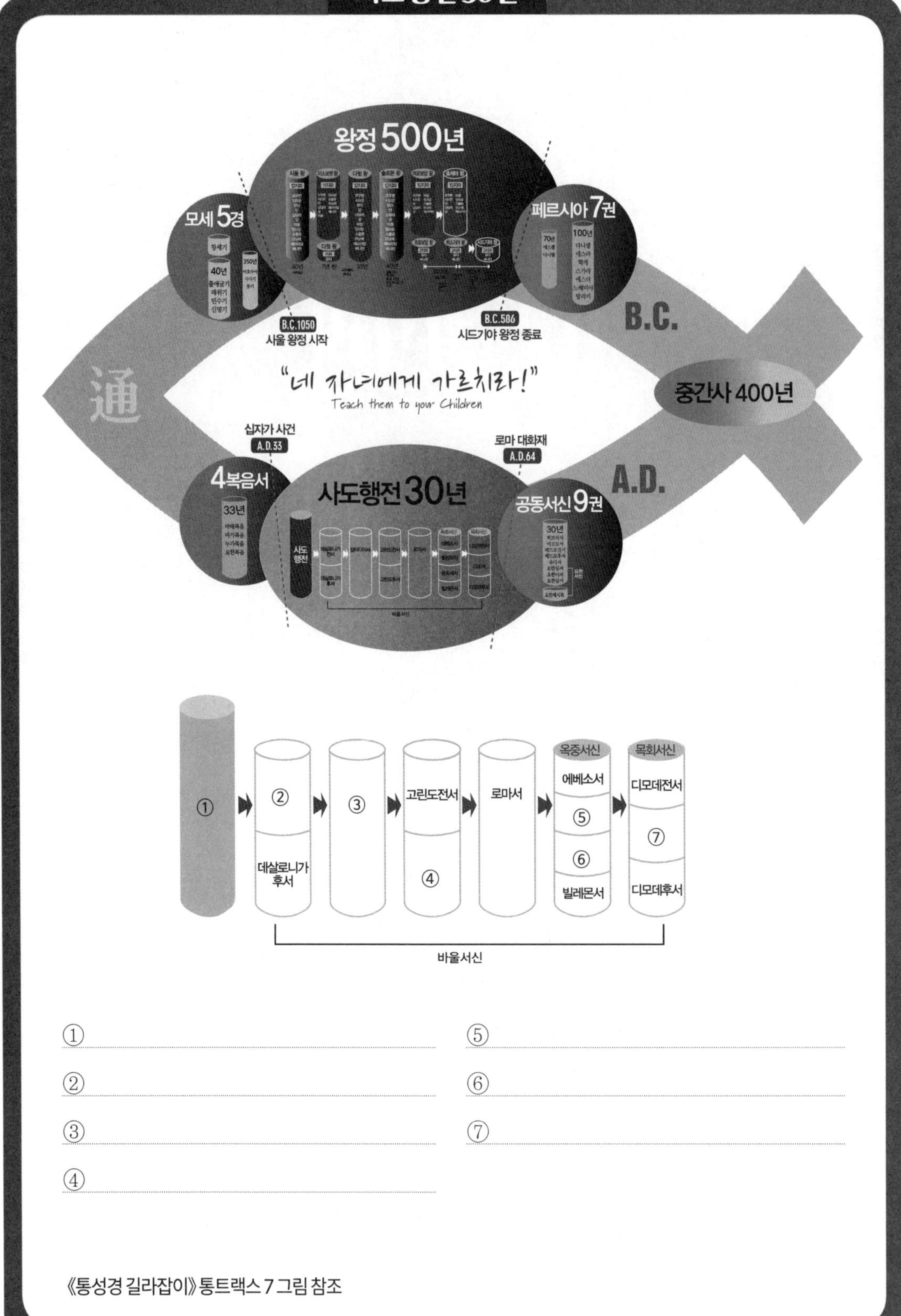
사도행전 30년
왕정 500년
모세 5경
페르시아 7권
B.C.1050
사울 왕정 시작
B.C.586
시드기야 왕정 종료
B.C.
通
"네 자녀에게 가르치라!"
Teach them to your Children
중간사 400년
십자가 사건
A.D.33
로마 대화재
A.D.64
A.D.
4복음서
사도행전 30년
공동서신 9권
①
②
데살로니가
후서
③
고린도전서
④
로마서
옥중서신
에베소서
⑤
⑥
빌레몬서
목회서신
디모데전서
⑦
디모데후서
바울서신
①
②
③
④
⑤
⑥
⑦
《통성경 길라잡이》 통트랙스 7 그림 참조

## 열리는 제자 시대

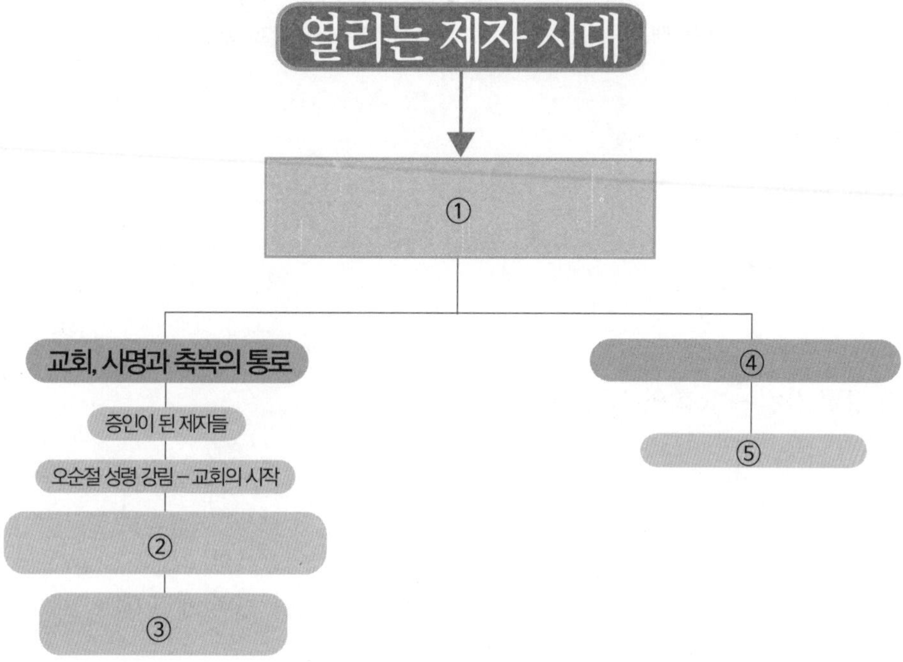
열리는 제자 시대
①
교회, 사명과 축복의 통로
증인이 된 제자들
오순절 성령 강림 – 교회의 시작
②
③
④
⑤

① ..............................

② ..............................

..............................

③ ..............................

④ ..............................

⑤ ..............................

《통성경 길라잡이》p.335 참조

# 42 열리는 제자 시대 - 2, 3, 4차 산헤드린 공회 재판 행 1~12장

## 통通으로 외우기

① 예수님께서 승천하신 후 남겨진 (            )들은 (            )가 되어 복음 전파 사역을 시작합니다.

② 예수님의 십자가와 부활의 (            ) 된 제자들이 오순절 날 성령을 받은 이후, 담대하게 (            )을 증거하기 시작합니다. 그리고 복음은 예루살렘과 유대를 넘어 (                    ) 지역까지 퍼져나갑니다.

## 스토리 요약하기

1. 증인이 된 제자들 (행 1장)

2. 오순절 성령 강림 – 교회의 시작 (행 2장)

3. 변화된 제자들, 변하지 않는 사두개파들 – 2, 3차 산헤드린 공회 재판 (행 3~5장)

4. 일곱 일꾼 선출과 스데반 순교 – 4차 산헤드린 공회 재판 (행 6~8장)

5. 사울의 회심과 고넬료 사건 (행 9~12장)

## 하나님 마음으로 충전하기

"오직 (            )이 너희에게 임하시면 너희가 권능을 받고 예루살렘과 온 유대와 사마리아와 (            ) 까지 이르러 내 (            )이 되리라 하시니라"(행 1:8)

"(            )들은 그 이름을 위하여 능욕 받는 일에 합당한 자로 여기심을 기뻐하면서 공회 앞을 떠나니라 그들이 (            ) 성전에 있든지 집에 있든지 예수는 (            )라고 가르치기와 전도하기를 그치지 아니하니라"(행 5:41~42)

"베드로가 이 말을 할 때에 (            )이 말씀 듣는 모든 사람에게 내려오시니 베드로와 함께 온 할례 받은 신자들이 (            )들에게도 (            ) 부어 주심으로 말미암아 놀라니"(행 10:44~45)

## 통독성경 다섯 가지 포인트 필사하기

### 316일 (통독성경 신약 p.241)

ㅇ 제목　　　　　　　　　　ㅇ 범위

ㅇ 다섯 가지 포인트

①

②

③

④

⑤

## 317일 (통독성경 신약 p.246)

ㅇ 제목　　　　ㅇ 범위

ㅇ 다섯 가지 포인트

①

②

③

④

⑤

## 318일 (통독성경 신약 p.252)

ㅇ 제목　　　　ㅇ 범위

ㅇ 다섯 가지 포인트

①

②

③

④

⑤

## 319일 (통독성경 신약 p.262)

ㅇ 제목　　　　　　　　　　　　ㅇ 범위

ㅇ 다섯 가지 포인트

①

②

③

④

⑤

# 경계를 넘어선 복음의 확장

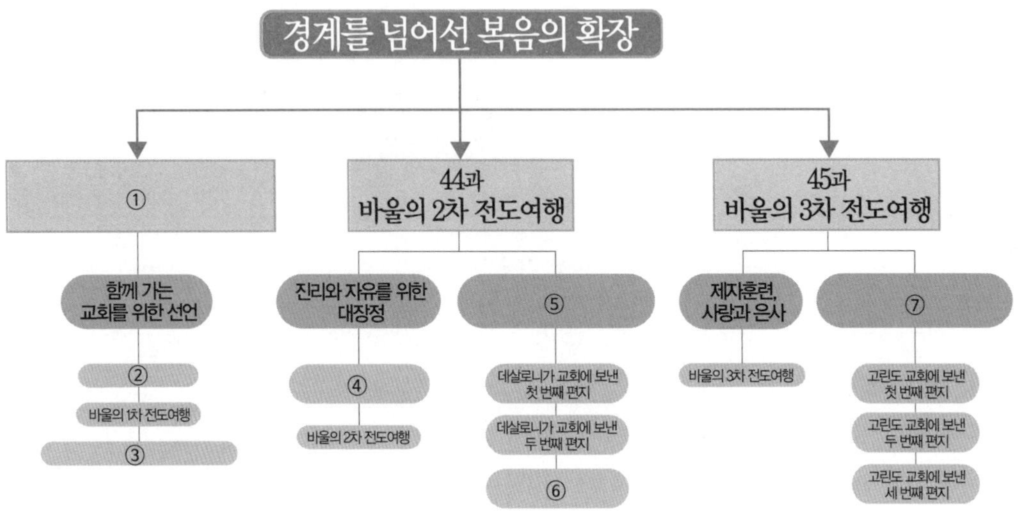
경계를 넘어선 복음의 확장
①
44과
바울의 2차 전도여행
45과
바울의 3차 전도여행
함께 가는
교회를 위한 선언
진리와 자유를 위한
대장정
⑤
제자훈련,
사랑과 은사
⑦
②
바울의 1차 전도여행
③
④
바울의 2차 전도여행
데살로니가 교회에 보낸
첫 번째 편지
데살로니가 교회에 보낸
두 번째 편지
⑥
바울의 3차 전도여행
고린도 교회에 보낸
첫 번째 편지
고린도 교회에 보낸
두 번째 편지
고린도 교회에 보낸
세 번째 편지

①

②

③

④

⑤

⑥

⑦

《통성경 길라잡이》p.345 참조

# 43 바울의 1차 전도여행 - 예루살렘 공회 행 13장~15:35

## 통通으로 외우기

① 안디옥 교회에서 파송한 바울과 바나바의 1차 전도여행과 (                    )의 결과가 기록되어 있습니다.
② 바울의 (                    )은 2년여에 걸쳐 소아시아 지역에서 이루어졌습니다.

## 스토리 요약하기

1. 안디옥 교회의 파송 (행 13:1~3)

2. 바울의 1차 전도여행 (행 13:4~14장)

3. 예루살렘 공회 – 오직 십자가 선언 (행 15:1~35)

## 하나님 마음으로 충전하기

"(                    )에 선지자들과 교사들이 있으니 곧 바나바와 니게르라 하는 시므온과 구레네 사람 루기오와 분봉 왕 헤롯의 젖동생 마나엔과 및 사울이라 주를 섬겨 금식할 때에 성령이 이르시되 내가 불러 시키는 일을 위하여 (            )와 (            )을 따로 세우라 하시니 이에 금식하며 기도하고 두 사람에게 안수하여 (                    )"(행 13:1~3)

"그런데 지금 너희가 어찌하여 하나님을 시험하여 우리 조상과 우리도 능히 메지 못하던 (            )를 제자들의 목에 두려느냐 그러나 우리는 그들이 우리와 (                    ) 주 예수의 은혜로 (            ) 받는 줄을 믿노라 하니라"(행 15:10~11)

## 통독성경 다섯 가지 포인트 필사하기

### 320일 (통독성경 신약 p.269)

ㅇ 제목　　　　　　　　　　ㅇ 범위

ㅇ 다섯 가지 포인트

①

②

③

④

⑤

# 바울의 2차 전도여행 행15:36~18:22, 살전, 살후, 갈

## 통通으로 외우기

① 사도행전 15:36~18:22를 읽고, 바울이 2차 전도여행 때 고린도에서 쓴 (                              )와 <데살로니가후서>를 통독합니다. 또한 바울의 초기 편지인 (                    )도 이때 함께 읽습니다.

② 바울의 2차 전도여행은 3년여에 걸쳐 (                    )와 (          )에서 펼쳐졌으며, 중간에 디모데와 누가가 전도팀에 합류했습니다.

## 스토리 요약하기

1. 바나바의 2차 전도팀과 바울의 2차 전도팀 (행 15:36~41)

2. 바울의 2차 전도여행 (행 16장~18:22)

3. 데살로니가 교회에 보낸 첫 번째 편지 (살전 1~5장)

4. 데살로니가 교회에 보낸 두 번째 편지 (살후 1~3장)

5. 갈라디아 교회에 보낸 편지 (갈 1~6장)

## 하나님 마음으로 충전하기

"서로 심히 다투어 피차 갈라서니 (　　　)는 (　　　)를 데리고 배 타고 구브로로 가고 (　　　)은 (　　　)를 택한 후에 형제들에게 주의 은혜에 부탁함을 받고 떠나 수리아와 길리기아로 다니며 (　　　)을 견고하게 하니라"(행 15:39~41)

"밤에 주께서 환상 가운데 바울에게 말씀하시되 두려워하지 말며 침묵하지 말고 (　　　) 내가 너와 함께 있으매 어떤 사람도 너를 대적하여 해롭게 할 자가 없을 것이니 이는 이 성중에 내 백성이 (　　　) 하시더라 일 년 육 개월을 머물며 그들 가운데서 하나님의 말씀을 (　　　)"(행 18:9~11)

"(　　　) 그리스도와 함께 십자가에 못 박혔나니 그런즉 이제는 내가 사는 것이 아니요 오직 내 안에 (　　　)께서 사시는 것이라 이제 내가 육체 가운데 사는 것은 나를 사랑하사 나를 위하여 자기 자신을 버리신 하나님의 (　　　)을 믿는 (　　　) 안에서 사는 것이라"(갈 2:20)

## 통독성경 다섯 가지 포인트 필사하기

### 321일 (통독성경 신약 p.276)

ㅇ 제목　　　　　　　　　　ㅇ 범위

ㅇ 다섯 가지 포인트

①

②

③

④

⑤

## 322일 (통독성경 신약 p.283)

ㅇ 제목 ㅇ 범위

ㅇ 다섯 가지 포인트

①

②

③

④

⑤

## 323일 (통독성경 신약 p.289)

ㅇ 제목 ㅇ 범위

ㅇ 다섯 가지 포인트

①

②

③

④

⑤

## 324일 (통독성경 신약 p.293)

○ 제목 ○ 범위

○ 다섯 가지 포인트

①

②

③

④

⑤

## 325일 (통독성경 신약 p.298)

○ 제목 ○ 범위

○ 다섯 가지 포인트

①

②

③

④

⑤

# 45 바울의 3차 전도여행 행 18:23~19장, 고전, 고후

## 통通으로 외우기

① 바울이 3차 전도여행을 떠납니다. 이때 바울은 주로 (　　　　) 지역에 머물렀는데, 그곳에서 (　　　　　　) 에 보내는 편지 (　　　　　　　)와 (　　　　　　)를 썼습니다.

② 사도행전 18장 23절부터 19장까지는 바울의 3차 전도여행 기록입니다. 바울은 약 3년간 (　　　　) 에서 머무를 때 2년 동안은 두란노 서원에서 제자들을 집중적으로 길러냈습니다.

## 스토리 요약하기

1. 바울의 3차 전도여행 (행 18:23~19장)

2. 고린도 교회에 보낸 첫 번째 편지 (고전 1~16장)

3. 고린도 교회에 보낸 두 번째 편지 (고후 10~13장)

4. 고린도 교회에 보낸 세 번째 편지 (고후 1~9장)

## 하나님 마음으로 충전하기

"(　　　　　)은 너희가 하나님께로부터 받은 바 너희 가운데 계신 (　　　)의 전인 줄을 알지 못하느냐 너희는 너희 자신의 것이 아니라 (　　　　　　　　　)이 되었으니 그런즉 (　　　　　)으로 하나님께 영광을 돌리라"(고전 6:19~20)

## 통독성경 다섯 가지 포인트 필사하기

### 326일 (통독성경 신약 p.303)

ㅇ 제목　　　　　　　　ㅇ 범위

ㅇ 다섯 가지 포인트

①

②

③

④

⑤

### 327일 (통독성경 신약 p.306)

ㅇ 제목　　　　　　　　ㅇ 범위

ㅇ 다섯 가지 포인트

①

②

③

④

⑤

## 328일 (통독성경 신약 p.313)

ㅇ 제목 ㅇ 범위

ㅇ 다섯 가지 포인트

①

②

③

④

⑤

## 329일 (통독성경 신약 p.319)

ㅇ 제목 ㅇ 범위

ㅇ 다섯 가지 포인트

①

②

③

④

⑤

## 330일 (통독성경 신약 p.325)

○ 제목

○ 범위

○ 다섯 가지 포인트

①

②

③

④

⑤

## 331일 (통독성경 신약 p.331)

○ 제목

○ 범위

○ 다섯 가지 포인트

①

②

③

④

⑤

## 332일 (통독성경 신약 p.336)

ㅇ 제목　　　　　　　　　　　　ㅇ 범위

ㅇ 다섯 가지 포인트

①

②

③

④

⑤

## 333일 (통독성경 신약 p.342)

ㅇ 제목　　　　　　　　　　　　ㅇ 범위

ㅇ 다섯 가지 포인트

①

②

③

④

⑤

## 334일 (통독성경 신약 p.349)

ㅇ 제목

ㅇ 범위

ㅇ 다섯 가지 포인트

①

②

③

④

⑤

18마당

## 준비된 면류관 남겨진 부탁

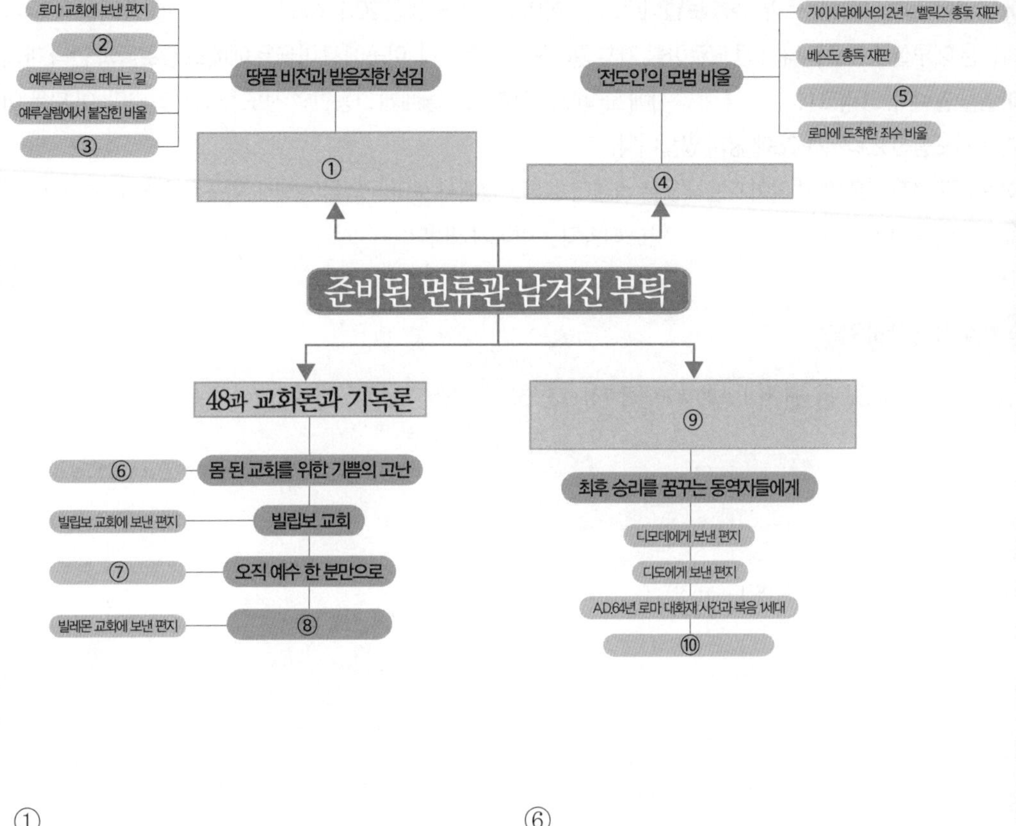

로마 교회에 보낸 편지
②
예루살렘으로 떠나는 길
예루살렘에서 붙잡힌 바울
③
땅끝 비전과 받음직한 섬김
①
'전도인'의 모범 바울
가이사랴에서의 2년 – 벨릭스 총독 재판
베스도 총독 재판
⑤
로마에 도착한 죄수 바울
④
준비된 면류관 남겨진 부탁
48과 교회론과 기독론
⑥
몸 된 교회를 위한 기쁨의 고난
빌립보 교회에 보낸 편지
빌립보 교회
⑦
오직 예수 한 분만으로
빌레몬 교회에 보낸 편지
⑧
⑨
최후 승리를 꿈꾸는 동역자들에게
디모데에게 보낸 편지
디도에게 보낸 편지
AD.64년 로마 대화재 사건과 복음 1세대
⑩

① ______________________

______________________

② ______________________

③ ______________________

④ ______________________

⑤ ______________________

⑥ ______________________

⑦ ______________________

⑧ ______________________

⑨ ______________________

______________________

⑩ ______________________

《통성경 길라잡이》p.369 참조

# 46 바울의 예루살렘 여행 - 5차 산헤드린 공회 재판 행 20~23장, 롬

## 통通으로 외우기

① 바울은 에베소의 두란노 서원에서 제자들을 길러낸 후, 고린도로 건너가 그곳에서 석 달 정도 머무릅니다. 그 기간에 바울은 로마 교회에 <로마서>를 보냅니다. 이 기록이 있는 사도행전 20:1~6과 (　　　　　)를 함께 통독합니다.

② 바울은 예루살렘으로 떠나기 전 드로아를 거쳐 밀레도에 이릅니다. 이곳에서 바울은 에베소 장로들과 만나 마지막 이별을 합니다. 그리고 (　　　　　　)에 도착해 교회 지도자들에게 그동안의 전도 보고를 합니다. 이 모든 이야기는 사도행전 20:7~21:26에 담겨 있습니다.

③ 이후 사도행전 23장까지 이어지는 내용은 바울이 예루살렘에서 로마 군인들에 의해 체포된 후 5차 산헤드린 공회 (　　　)을 받는 이야기, (　　　　　　)로 이송되는 이야기입니다.

## 스토리 요약하기

1. 로마 교회에 보낸 편지 (행 20:1~6/ 롬 1장~15:13)

2. 로마서를 쓴 이유 (롬 15:14~16장)

3. 예루살렘으로 떠나는 길 (행 20:7~21:16)

4. 예루살렘에서 붙잡힌 바울 (행 21:17~22장)

5. 5차 산헤드린 공회 재판 (행 23장)

## 하나님 마음으로 충전하기

"모든 사람이 죄를 범하였으매 하나님의 영광에 이르지 못하더니 그리스도 예수 안에 있는 (　　　) 으로 말미암아 하나님의 (　　　)로 (　　　) 의롭다 하심을 얻은 자 되었느니라"(롬 3:23~24)

"보라 이제 나는 성령에 매여 (　　　)으로 가는데 거기서 무슨 일을 당할는지 알지 못하노라 오직 성령이 각 성에서 내게 증언하여 결박과 환난이 나를 기다린다 하시나 내가 달려갈 길과 주 예수께 받은 (　　　) 곧 하나님의 은혜의 복음을 (　　　)하는 일을 마치려 함에는 나의 (　　　) 조차 조금도 귀한 것으로 여기지 아니하노라"(행 20:22~24)

"그 날 밤에 주께서 바울 곁에 서서 이르시되 (　　　) 네가 예루살렘에서 나의 일을 증언한 것 같이 (　　　)에서도 (　　　)하여야 하리라 하시니라"(행 23:11)

## 통독성경 다섯 가지 포인트 필사하기

**335일** (통독성경 신약 p.355)

o 제목　　　　o 범위

o 다섯 가지 포인트

①

②

③

④

⑤

## 336일 (통독성경 신약 p.362)

ㅇ 제목 ㅇ 범위

ㅇ 다섯 가지 포인트

①

②

③

④

⑤

## 337일 (통독성경 신약 p.369)

ㅇ 제목 ㅇ 범위

ㅇ 다섯 가지 포인트

①

②

③

④

⑤

## 338일 (통독성경 신약 p.378)

○ 제목 ○ 범위

○ 다섯 가지 포인트

①

②

③

④

⑤

## 339일 (통독성경 신약 p.382)

○ 제목 ○ 범위

○ 다섯 가지 포인트

①

②

③

④

⑤

## 340일 (통독성경 신약 p.386)

ㅇ 제목

ㅇ 범위

ㅇ 다섯 가지 포인트

①

②

③

④

⑤

# 47 죄수 바울 로마 도착 행 24~28장

## 통通으로 외우기

① 사도행전 24장에서 26장에는 바울이 예루살렘에서 잡혀서 (                    )에서 2년간 머무를 때까지의 이야기와 바울이 로마 시민권자로서 (          )을 청구하여 로마행이 결정되는 이야기가 담겨 있습니다.

② 사도행전 27장에서 28장에는 로마 황제 재판을 청구한 바울이 (          )로 압송되는 과정과 로마 셋집에서 2년 동안 황제 재판을 기다리며 (          )을 전하는 내용이 자세히 기록되어 있습니다.

③ <사도행전> 이야기는 로마 셋집 가택 연금 상태에서 (          )을 전하는 바울의 모습에서 끝이 납니다.

## 스토리 요약하기

1. 가이사랴에서의 2년 – 벨릭스 총독 재판 (행 24장)

2. 베스도 총독 재판 (행 25~26장)

3. 바울의 로마행 – 황제 재판을 받기 위해 (행 27장~28:15)

4. 로마에 도착한 죄수 바울 (행 28:16~31)

## 하나님 마음으로 충전하기

"만일 내가 불의를 행하여 무슨 죽을 죄를 지었으면 죽기를 사양하지 아니할 것이나 만일 이 사람들이 나를 고발하는 것이 다 사실이 아니면 아무도 나를 그들에게 내줄 수 없나이다 내가 (　　　　)께 상소하노라 한대 베스도가 배석자들과 상의하고 이르되 네가 가이사에게 (　　　　)하였으니 가이사에게 갈 것이라 하니라"(행 25:11~12)

"바울아 두려워하지 말라 네가 (　　　　) 앞에 서야 하겠고 또 하나님께서 너와 함께 항해하는 자를 다 네게 주셨다 하였으니 그러므로 여러분이여 (　　　　)하라 나는 내게 말씀하신 그대로 되리라고 하나님을 (　　　　)"(행 27:24~25)

"바울이 온 이태를 자기 셋집에 머물면서 자기에게 오는 사람을 다 영접하고 (　　　　)를 전파하며 주 예수 (　　　　)에 관한 모든 것을 담대하게 거침없이 (　　　　)"(행 28:30~31)

## 통독성경 다섯 가지 포인트 필사하기

### 341일 (통독성경 신약 p.395)

ㅇ 제목　　　　ㅇ 범위

ㅇ 다섯 가지 포인트

①

②

③

④

⑤

## 342일 (통독성경 신약 p.401)

○ 제목 ○ 범위

○ 다섯 가지 포인트

①

②

③

④

⑤

# 48 교회론과 기독론 엡, 빌, 골, 몬

## 통通으로 외우기

①바울은 로마에서 가택 연금 상태로 머무는 가운데 많은 편지를 썼습니다. 이때 쓴 (　　　　　　), <빌립보서>, (　　　　　　), <빌레몬서>를 4대 옥중서신이라고 합니다.

②갇힌 자 되었으나 복음 안에서 자유로웠던 바울의 심정으로 이 편지들을 읽어봅시다.

③<에베소서>는 에베소 교회에, (　　　　　　)는 빌립보 교회에, (　　　　　　)는 골로새 교회에 보내는 옥중 서신입니다.

④(　　　　　　)는 바울의 제자이며 골로새 교회를 섬기고 있는 빌레몬에게 바울이 빌레몬의 종 오네시모를 돌려보내며 쓴 개인적인 서신입니다. 성경은 66권 전체가 (　　　　　　)의 책입니다. 특히 <빌레몬서>는 로마 제국에서 하나님 나라를 실현하는 1장으로 된 기적의 책입니다.

## 스토리 요약하기

1. 에베소 교회에 보낸 편지 (엡 1~6장)

2. 빌립보 교회에 보낸 편지 (빌 1~4장)

3. 골로새 교회에 보낸 편지 (골 1~4장)

4. 빌레몬에게 보낸 편지 (몬 1장)

## 하나님 마음으로 충전하기

"또 만물을 그의 발 아래에 복종하게 하시고 그를 만물 위에 교회의 머리로 삼으셨느니라 (            ) 는 그의 (            )이니 만물 안에서 만물을 충만하게 하시는 이의 (            )함이니라"(엡 1:22~23)

"그는 몸인 (            )의 머리시라 그가 근본이시요 죽은 자들 가운데서 먼저 나신 이시니 이는 친히 만물의 으뜸이 되려 하심이요 아버지께서는 모든 충만으로 예수 안에 거하게 하시고 그의 (            ) 의 피로 (            )을 이루사 만물 곧 땅에 있는 것들이나 하늘에 있는 것들이 그로 말미암아 자기와 (            )하게 되기를 기뻐하심이라"(골 1:18~20)

"이 후로는 종과 같이 대하지 아니하고 종 이상으로 곧 (            ) 받는 (            )로 둘 자라 내게 특별히 그러하거든 하물며 육신과 주 안에서 상관된 네게랴"(몬 1:16)

## 통독성경 다섯 가지 포인트 필사하기

**343일** (통독성경 신약 p.406)

ㅇ 제목　　　　　　　　　　　　　　ㅇ 범위

ㅇ 다섯 가지 포인트

①

②

③

④

⑤

## 344일 (통독성경 신약 p.411)

ㅇ 제목 ㅇ 범위

ㅇ 다섯 가지 포인트

①

②

③

④

⑤

## 345일 (통독성경 신약 p.416)

ㅇ 제목 ㅇ 범위

ㅇ 다섯 가지 포인트

①

②

③

④

⑤

## 346일 (통독성경 신약 p.423)

ㅇ 제목 ㅇ 범위

ㅇ 다섯 가지 포인트

①

②

③

④

⑤

## 347일 (통독성경 신약 p.429)

ㅇ 제목 ㅇ 범위

ㅇ 다섯 가지 포인트

①

②

③

④

⑤

# 49 믿음의 아들에게 남긴 편지 - 로마 대화재 사건 딤전, 딛, 딤후

## 통通으로 외우기

① 로마 감옥에서 2년 만에 잠시 자유의 몸이 된 바울은 또다시 (                    )을 떠날 계획을 세웁니다.

② 이즈음 기록한 편지가 목회서신이라 불리는 (                    )와 (                    )입니다.

③ 바울은 갑자기 로마의 네로 황제가 로마 대화재 사건의 범인으로 기독교인들을 지목하여 다시 감옥에 갇히게 되자 자신의 죽음이 임박했음을 알게 됩니다. 그러자 바울은 믿음의 아들 디모데에게 유언과 같은 (                    )를 써 보냅니다.

④ 신약성경 전체의 숲에서 보면 '로마 대화재 사건'을 계기로 (                    )와 (                    )대가 나뉩니다.

## 스토리 요약하기

1. 디모데에게 보낸 편지 (딤전 1~6장)

2. 디도에게 보낸 편지 (딛 1~3장)

3. A.D.64년 로마 대화재 사건과 복음 1세대

4. 디모데에게 보낸 마지막 편지 (딤후 1~4장)

## 하나님 마음으로 충전하기

"같은 믿음을 따라 나의 참 아들 된 디도에게 편지하노니 하나님 아버지와 그리스도 예수 우리 구주로부터 ( )와 ( )이 네게 있을지어다 내가 너를 ( )에 남겨 둔 이유는 남은 일을 정리하고 내가 명한 대로 각 성에 ( )을 세우게 하려 함이니"(딛 1:4~5)

"( )은 하나님의 감동으로 된 것으로 교훈과 책망과 바르게 함과 의로 교육하기에 유익하니"(딤후 3:16)

"나는 선한 싸움을 ( ) 나의 달려갈 길을 마치고 ( )을 지켰으니 이제 후로는 나를 위하여 ( )이 예비되었으므로 주 곧 의로우신 재판장이 그 날에 내게 주실 것이며 내게만 아니라 주의 나타나심을 사모하는 ( ) 자에게도니라"(딤후 4:7~8)

## 통독성경 다섯 가지 포인트 필사하기

### 348일 (통독성경 신약 p.431)

o 제목 o 범위

o 다섯 가지 포인트

①

②

③

④

⑤

## 349일 (통독성경 신약 p.438)

ㅇ 제목 ㅇ 범위

ㅇ 다섯 가지 포인트

①

②

③

④

⑤

## 350일 (통독성경 신약 p.441)

ㅇ 제목 ㅇ 범위

ㅇ 다섯 가지 포인트

①

②

③

④

⑤

# 복음 1세대와 복음 2세대

FIRST AND SECOND GENERATION EVANGELISTS

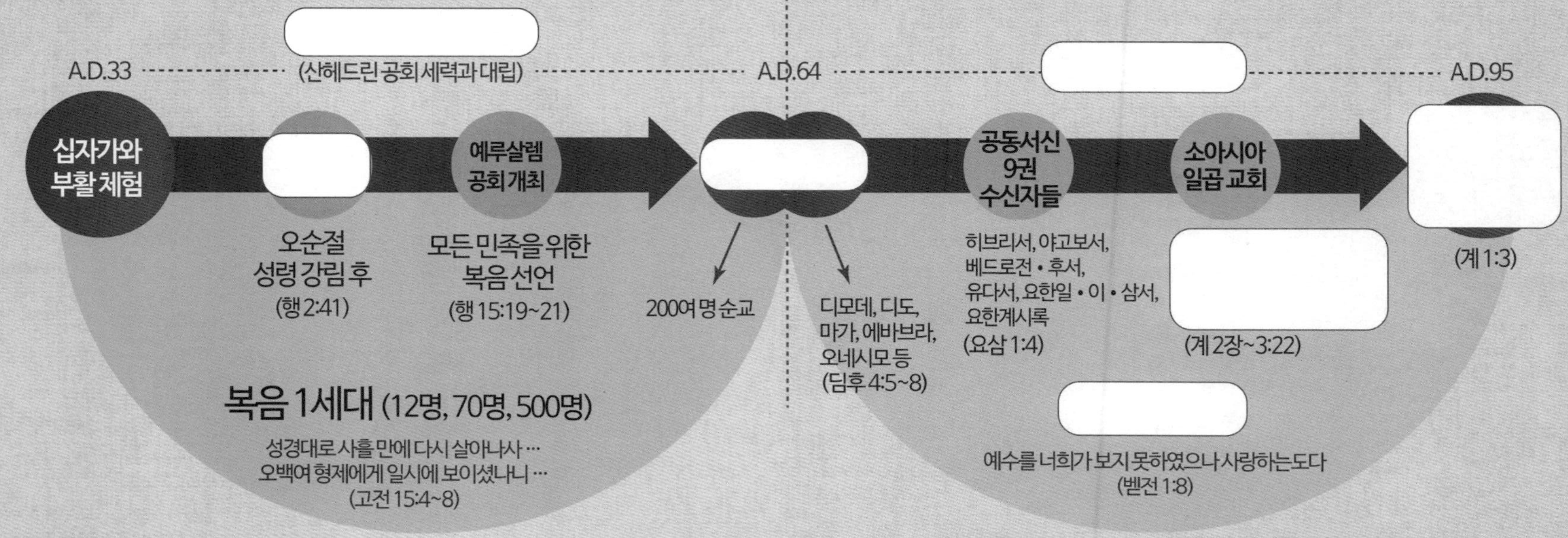


《통성경 길라잡이》 p.399 참조

# 통通트랙 7
# 공동서신 9권

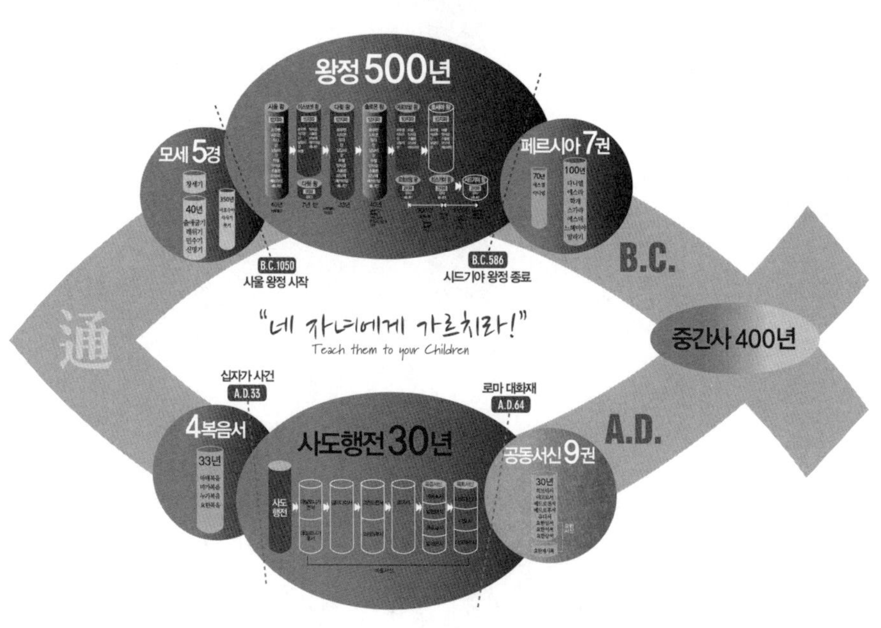

왕정 500년
모세 5경
페르시아 7권
B.C.
B.C.1050
사울 왕정 시작
B.C.586
시드기야 왕정 종료
通
"네 자녀에게 가르치라!"
Teach them to your Children
중간사 400년
십자가 사건
A.D.33
로마 대화재
A.D.64
A.D.
4복음서
33년
사도행전 30년
공동서신 9권
30년

# 통通성경 길라잡이
# 50~52과

# 공동서신 9권

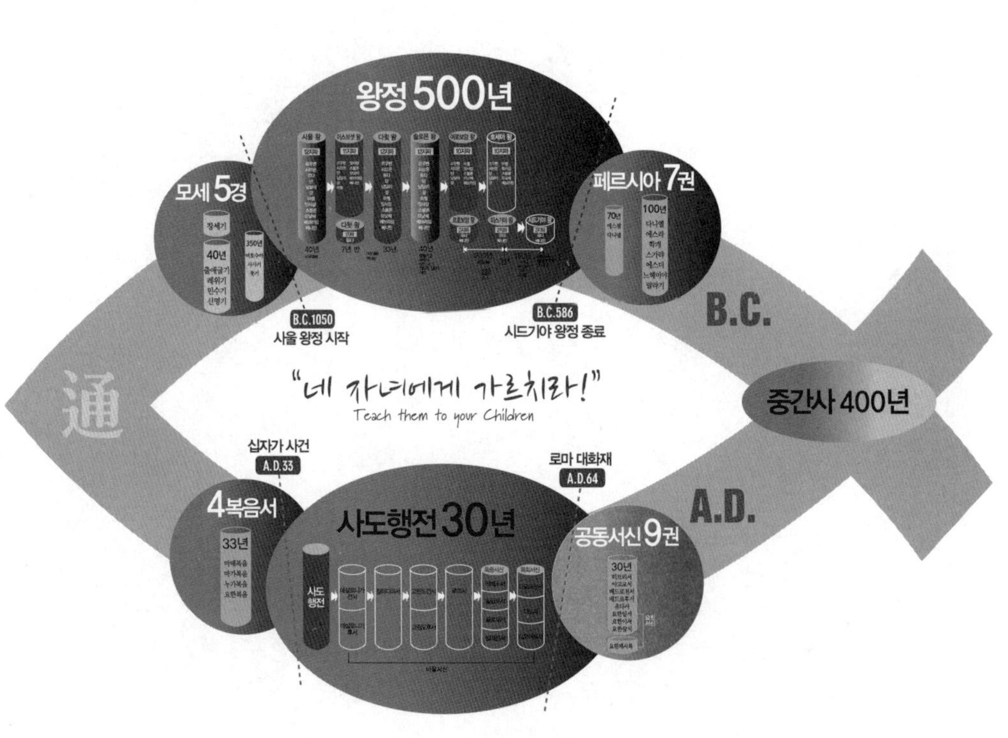


30년

①

요한 서신

②

① ______________________________

______________________________

______________________________

② ______________________________

《통성경 길라잡이》 통트랙스 7 그림 참조

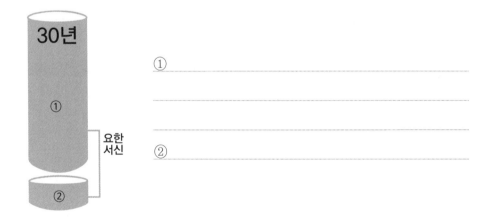

## 선한 싸움을 위한 편지

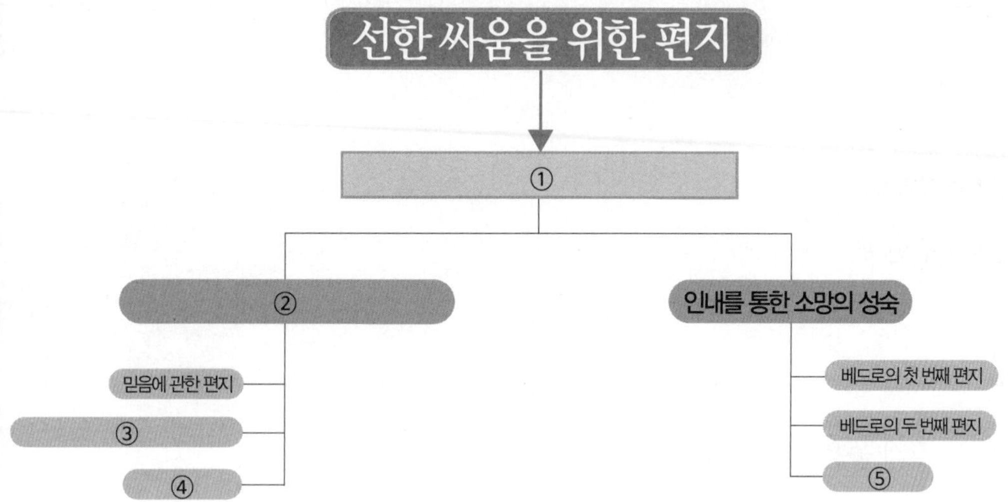


①

②

③

④

⑤

《통성경 길라잡이》p.401 참조

# 50 복음 2세대를 위한 편지 히, 약, 벧전, 벧후, 유

## 통通으로 외우기

① (                    ), <야고보서>, <베드로전서>, <베드로후서>, (                    ), 각 편지가 전하고 있는 메시지와 편지의 발신자와 수신자의 상황에 대해 생각해가며 통독합니다.

② <야고보서>는 (                    )가 순교하기 전에 집필된 것으로 A.D.64년 로마 대화재 사건 이전으로 추정합니다. 그러나 유대교의 방해와 로마 제국으로부터 점점 조여오는 압박에 맞서 쓴 편지로 '(                    )'에 포함하여 함께 통독합니다.

## 스토리 요약하기

1. 믿음에 관한 편지 (히 1~6장)

2. 예수 – 장래 좋은 일의 대제사장 (히 7~13장)

3. 야고보의 편지 (약 1~5장)

4. 베드로의 첫 번째 편지 (벧전 1~5장)

5. 베드로의 두 번째 편지 (벧후 1~3장)

6. 유다의 편지 (유 1장)

## 하나님 마음으로 충전하기

"그러므로 형제들아 우리가 (                    )를 힘입어 성소에 들어갈 담력을 얻었나니 그 길은 우리를 위하여 (            ) 가운데로 열어 놓으신 새로운 살 길이요 휘장은 곧 그의 육체니라"(히 10:19~20)

"하나님의 날이 (                  )를 바라보고 간절히 사모하라 그 날에 하늘이 불에 타서 풀어지고 물질이 뜨거운 불에 녹아지려니와 우리는 그의 약속대로 의가 있는 곳인 (                    )과 (                )을 바라보도다"(벧후 3:12~13)

## 통독성경 다섯 가지 포인트 필사하기

**351일** (통독성경 신약 p.447)

ㅇ 제목　　　　　　　　　　ㅇ 범위

ㅇ 다섯 가지 포인트

①

②

③

④

⑤

## 352일 (통독성경 신약 p.452)

ㅇ 제목 ㅇ 범위

ㅇ 다섯 가지 포인트

①

②

③

④

⑤

## 353일 (통독성경 신약 p.462)

ㅇ 제목 ㅇ 범위

ㅇ 다섯 가지 포인트

①

②

③

④

⑤

## 354일 (통독성경 신약 p.468)

○ 제목 ○ 범위

○ 다섯 가지 포인트

①

②

③

④

⑤

## 355일 (통독성경 신약 p.475)

○ 제목 ○ 범위

○ 다섯 가지 포인트

①

②

③

④

⑤

## 356일 (통독성경 신약 p.483)

○ 제목 ○ 범위

○ 다섯 가지 포인트

①

②

③

④

⑤

## 357일 (통독성경 신약 p.488)

○ 제목 ○ 범위

○ 다섯 가지 포인트

①

②

③

④

⑤

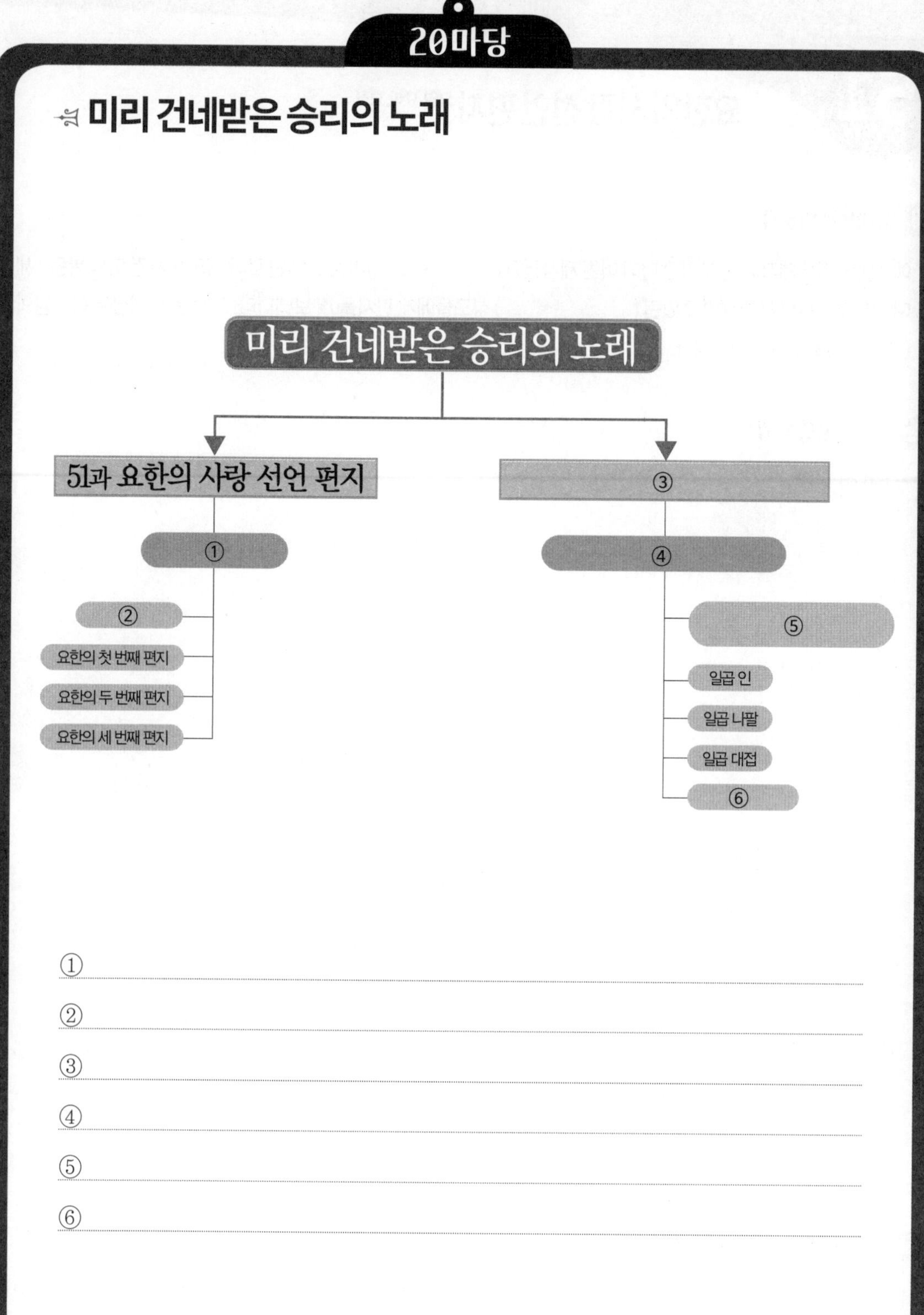
20마당
미리 건네받은 승리의 노래
미리 건네받은 승리의 노래
51과 요한의 사랑 선언 편지
③
①
④
②
요한의 첫 번째 편지
요한의 두 번째 편지
요한의 세 번째 편지
⑤
일곱 인
일곱 나팔
일곱 대접
⑥
①
②
③
④
⑤
⑥

《통성경 길라잡이》p.415 참조

# 51 요한의 사랑 선언 편지 요일, 요이, 요삼

## 통通으로 외우기

① 예수님의 열두 제자 가운데 가장 나이 어린 제자였던 (            )이 A.D.64년 로마 대화재 사건 이후 복음 1세대 지도자로서 당시 박해받고 있던 (            ) 성도들에게 편지를 써 보냅니다. 그 내용의 핵심은 하나님의 (        )을 전하는 것입니다.

## 스토리 요약하기

1. 사랑의 힘으로

2. 요한의 첫 번째 편지 (요일 1~5장)

3. 요한의 두 번째 편지 (요이 1장)

4. 요한의 세 번째 편지 (요삼 1장)

## 하나님 마음으로 충전하기

"사랑하는 자들아 영을 다 믿지 말고 오직 영들이 하나님께 속하였나 (        )하라 많은 거짓 선지자가 세상에 나왔음이라 이로써 너희가 하나님의 영을 알지니 곧 (            )께서 육체로 오신 것을 (        )하는 영마다 하나님께 (        ) 것이요"(요일 4:1~2)

"사랑하는 자들아 우리가 서로 (                )하자 사랑은 하나님께 속한 것이니 사랑하는 자마다 하나님으로부터 나서 하나님을 알고 사랑하지 아니하는 자는 하나님을 알지 못하나니 이는 (                ) 은 (                )이심이라"(요일 4:7~8)

"사랑하는 자여 네 영혼이 잘됨 같이 네가 범사에 잘되고 강건하기를 내가 (              )하노라 형제들이 와서 네게 있는 진리를 (              )하되 (              ) 진리 안에서 (                ) 하니 내가 심히 기뻐하노라"(요삼 1:2~3)

## ★ 통독성경 다섯 가지 포인트 필사하기

**358일** (통독성경 신약 p.490)

ㅇ 제목 ㅇ 범위

ㅇ 다섯 가지 포인트

①

②

③

④

⑤

## 359일 (통독성경 신약 p.498)

ㅇ 제목

ㅇ 범위

ㅇ 다섯 가지 포인트

①

②

③

④

⑤

# 52 새 하늘과 새 땅의 노래 계

## 통通으로 외우기

① 성경 66권의 마지막 책인 <요한계시록>을 통독합니다. 곧바로 잘 이해가 가지 않아도 <요한계시록>은 '(            ) 자들과 (            ) 자들과 (            ) 자들'에게 모두 (        )이 되는 말씀입니다.

② 그리스도인들의 '최후 (            )의 노래'인 <요한계시록>을 기쁨으로 통독한 후 "아멘! 주 예수여 (            )!" 라고 믿음의 고백을 함께 나눕니다.

## 스토리 요약하기

1. 로마 제국의 박해 가운데 있는 교회를 향한 위로와 기쁨의 소식 (계 1~3장)

2. 일곱 인 (계 4~7장)

3. 일곱 나팔 (계 8~14장)

4. 일곱 대접 (계 15~20장)

5. 새 하늘과 새 땅 (계 21~22장)

## 하나님 마음으로 충전하기

"요한은 아시아에 있는 (            )에 편지하노니 이제도 계시고 전에도 계셨고 장차 오실 이와 그의 보좌 앞에 있는 일곱 영과 또 충성된 증인으로 죽은 자들 가운데에서 먼저 나시고 땅의 임금들의 머리가 되신 (            )로 말미암아 은혜와 평강이 너희에게 있기를 원하노라 우리를 사랑하사 그의 피로 우리 죄에서 우리를 해방하시고 그의 아버지 하나님을 위하여 우리를 (            )와 (            )으로 삼으신 그에게 영광과 능력이 세세토록 있기를 원하노라 아멘"(계 1:4~6)

"또 내가 (            )과 (            )을 보니 처음 하늘과 처음 땅이 없어졌고 바다도 다시 있지 않더라 또 내가 보매 (            )이 하나님께로부터 하늘에서 내려오니 그 준비한 것이 신부가 남편을 위하여 단장한 것 같더라"(계 21:1~2)

"이것들을 증언하신 이가 이르시되 내가 진실로 (            ) 하시거늘 아멘 주 예수여 오시옵소서"(계 22:20)

## 통독성경 다섯 가지 포인트 필사하기

**360일** (통독성경 신약 p.500)

ㅇ 제목　　　　　　　　　　ㅇ 범위

ㅇ 다섯 가지 포인트

①

②

③

④

⑤

## 361일 (통독성경 신약 p.506)

ㅇ 제목 ㅇ 범위

ㅇ 다섯 가지 포인트

①

②

③

④

⑤

## 362일 (통독성경 신약 p.511)

ㅇ 제목 ㅇ 범위

ㅇ 다섯 가지 포인트

①

②

③

④

⑤

## 363일 (통독성경 신약 p.516)

○ 제목 ○ 범위

○ 다섯 가지 포인트

①

②

③

④

⑤

## 364일 (통독성경 신약 p.521)

○ 제목 ○ 범위

○ 다섯 가지 포인트

①

②

③

④

⑤

## 365일 (통독성경 신약 p.526)

○ 제목

○ 범위

○ 다섯 가지 포인트

①

②

③

④

⑤

## 외워보세요~ 10분에 성경 전체 이야기

by. Byoungho Zoh

미국 저작권 등록 승인(Registration Number TXu 2-360-700)

우리가 사도행전 7장의 스데반처럼 성경 전체를 틀리지 않게, 치우치지 않게, 선을 넘지 않고, 사람들 앞에서 10분 안에 이야기한다면 하나님께서 얼마나 기뻐하실까요?

성경 창세기부터 요한계시록까지 66권은 **하나의 이야기**입니다.

창세기는 하나님의 천지창조, 노아 홍수 심판, 하나님의 마음 이야기를 담은 역사 이전의 역사, **원역사**로 시작됩니다. 이어서 모리아산 번제로 하나님과 친구가 된 아브라함, 흉년에 100배 결실을 거둔 이삭, 열두 아들로 열두 지파의 기둥을 세운 야곱, 이렇게 **족장** 세 사람의 가나안 이야기, 그리고 요셉 때 **민족**을 만들기 위해 **입애굽**한 이야기입니다. 400년 후 히브리 민족이 첫 번째 유월절을 지키고 출애굽 합니다. **출애굽**의 표면적 이유는 애굽 **제국**의 박해 때문입니다. 그러나 실제로는 하나님과 히브리 민족 사이에 모든 민족을 위한 **세계선교**의 **꿈**인 **'제사장 나라' 언약**을 세우기 위해서였습니다. 레위기는 5대 제사를 비롯한 제사장 나라의 **거룩한 시민학교 교과서**이며, 민수기는 광야 40년 동안 모세에게 제사장 나라 교육을 받은 **만나세대** 이야기이고, 신명기는 **만나학교 졸업식** 설교입니다. 만나학교 졸업생들이 **약속의 땅** 가나안에 48개 관공서를 중심으로 제사장 나라를 세운 이야기가 여호수아이며, 사사기는 350년 동안 제사장 나라 1단계 흉년 징계와 2단계 수탈 징계 가운데 진행된 **사사들을 통한 구원** 이야기이고, 룻기는 사사 시대 제사장 나라 **교육 성공 사례** 이야기입니다.

사무엘이 어두웠던 사사 시대를 마감하고 **미스바세대**를 탄생시켜 제사장 나라를 꽃피웁니다. 이어서 **사울**이 이스라엘의 **초대 왕**이 됩니다. 사울과 사무엘의 갈등은 왕정 500년 동안 왕과 선지자 대립의 시작이 됩니다. **다윗**이 **세 번 기름 부음**을 받고 왕이 되어 성전 건축을 준비하고 제사장 나라 충성도를 높이며 **하나님의 종**으로 인정을 받습니다. 그리고 하늘 문을 연 다윗의 여러 시편과 하나님의 자랑, **하늘보석 욥** 이야기가 있습니다. **솔로몬**은 모든 민족을 위한 성전 건축, 그리고 잠언, 아가, 전도서를 남깁니다. 솔로몬 사후 **남북 분열 왕조 200년** 동안 엘리야, 엘리사, 아모스, 호세아의 외침과 열방을 위한 하나님의 마음을 깨달은 **요나의 3일 기적** 이야기가 선포됩니다. 그러나 여러 선지자의 설득에도 끝내 여로보암의 길로 행한 **북이스라엘**이 B.C.8세기 앗수르에 **멸망**합니다. 이때 이사야, 미가 선지자는 **메시아 예언**과 **베들레헴 탄생**을 예고합니다. 150년 후 **남유다**가 바벨론에 **멸망**할 때 스바냐, 하박국, 나훔, 요엘 선지자가 500년 왕정 평가를 포괄적으로 선언합니다. 이때 예레미야는 제사장 나라 징계 3단계인 바벨론 **포로 70년**의 **네 가지 의미**-징계, 교육, 안식, 제국 수명을 말하며 **새 언약**을 **예고**합니다. 그리고 바벨론 포로 징계를 마치고 예루살렘으로 돌아갈 재건세대에게 하나님의 미래 선물, 역대기가 주어집니다.

에스겔이 바벨론에서 남유다 포로민들을 하나님의 말씀으로 설득함으로 유대인이 시작됩니다. 그 사이 다니엘은 환상 가운데 바벨론, 페르시아, 헬라, 로마 제국 변동의 밑그림을 그리며 영원한 하나님 나라를 예언합니다. 바벨론 제국은 하나님의 약속대로 70년 만에 페르시아에 멸망하고, 페르시아 제국은 스룹바벨, 학개, 스가랴와 함께 유대인들을 돌려보내며 예루살렘에 성전을 재건하게 함으로 레반트 지역에 투자를 합니다. 한편 페르시아에 남은 유대인들은 아말렉족 하만의 계략으로 죽을 위기에 처하지만, 에스더의 파티를 통해 위기를 극복합니다. 이후 에스라가 2차 귀환을 이끌어 산헤드린 공회를 설치하고, 느헤미야가 3차 귀환을 이끌어 성벽을 재건함으로 제사장 나라 재건을 이룹니다. 제사장 나라를 세운 지 1000년 만에 하나님께서는 말라기 선지자를 통해 그동안의 사랑 고백과 엘리야를 보내 아버지 마음을 자녀에게로, 자녀들의 마음을 아버지에게로 돌이키게 하겠다는 약속을 주신 후 400년 동안 침묵하십니다.

신구약 중간기 400년 동안 제국들이 변동합니다. 페르시아 제국이 멸망하고 헬라 제국이 등장하는데, 헬라 제국의 프톨레미 왕조 때에 모세오경이 헬라어로 번역되어 세계화가 이루어집니다. 이어서 헬라 제국의 셀루커스 왕조가 예루살렘 성전을 모독하자 마카비 가문이 혁명을 일으켜 성전을 청결하게 한 후 하스몬 왕조를 세웁니다. 그런데 하스몬 왕조는 80여 년 동안 대제사장이 왕을 겸직하므로 제사장 나라 법을 어깁니다. 이후 헬라 제국이 로마에 넘어가면서 유대는 로마 제국의 통치하에 들어갑니다. 이때 로마는 에돔족인 헤롯 가문을 유대의 분봉 왕으로 삼아 예루살렘 성전을 재건축하게 함으로 성전을 로마의 통치 도구로 전락시킵니다.

바로 이때 B.C와 A.D 분기점에 예수님께서 천사들과 목자들의 기쁨 속에 베들레헴에서 탄생하십니다. 예수님께서는 공생애 3년 동안 하나님 사랑을 말씀하시며 한 영혼의 가치를 천하보다 귀하게 여기셨습니다. 때론 사랑 때문에 피곤하고 지치기도 하셨습니다. 그리고 약한 자의 비빌 언덕이 되시며 사마리아인과 세리의 친구가 되어주십니다. 공생애 마지막 일주일 동안 예수님께서는 예루살렘에서 마지막 유월절 첫 번째 성찬식을 통해 새 언약을 체결하신 후 1차 산헤드린 공회 재판과 빌라도 재판을 받으시고 로마의 형틀이자 하늘 성소인 십자가에 달리십니다. 예수님께서 십자가에서 다 이루었다고 선언하시는 순간 예루살렘 성전의 휘장이 위에서 아래로 찢어집니다. 이는 예수님께서 율법과 선지서의 완성으로 단번 제사를 드리시고 우리를 위한 새로운 살길의 휘장이 되심으로 하나님 나라 복음을 완성하신 것입니다. 십자가 죽음 후 3일에 부활하신 예수님께서는 승천하시기 전 모든 민족에게 전할 지상명령을 말씀하십니다.

이후 오순절 성령 체험을 한 열두 사도들이 제자 시대를 열고 예루살렘 공회를 열며 2차, 3차, 4차 산헤드린 공회 재판의 위협 속에서도 하나님 나라 복음을 전하고 교회를 세워갑니다. 한편 바울은 다메섹 길에서 예수님을 만난 후 이방인의 사도로 부름을 받습니다. 바울은 예루살렘 공회에서 바나바를 안디옥 교회에 파송할 때 동행하게 되어 소아시아 **1차 전도 여행**을 합니다. 2년 후 안디옥 교회에 생긴 할례 문제를 놓고 **예루살렘 공회**가 열립니다. 이때 오직 예수 십자가만이 하나님 나라 구원의 기준이라고 선언합니다. 그리고 바울도 바나바와 같은 사랑받는 형제로 결의합니다. 이후 바울 팀은 **2차, 3차 전도 여행**을 하며 데살로니가, 갈라디아, 고린도, 로마 교회에 편지를 써 보냅니다. 바울 팀은 3차 전도 여행이 끝날 무렵, 로마를 거쳐 땅끝인 스페인까지 복음을 전하기 위한 계획을 세우고 **예루살렘 교회를 방문**하여 이 소식을 알립니다. 이때 예루살렘 공회의 당부로 바울은 예루살렘 성전에 갔다가 유대인들에게 잡혀 죽을 위기에 처하게 되지만, 오히려 로마 천부장의 협조로 **5차 산헤드린 공회**를 열어 공회원들에게 마지막 설득을 시도합니다. 그러나 산헤드린 공회의 위협이 거칠어지자 바울은 의도적으로 부활 신앙을 고백함으로 사두개파와 바리새파를 분열시키고 그곳을 빠져나옵니다. 그날 밤 바울은 로마 천부장의 보호 속에 가이사랴로 이송되고, 다음 날 로마 총독 벨릭스의 재판을 받고 2년간 구금됩니다. 이후 바울은 새로 부임한 로마 총독 베스도의 재판을 받던 중, 산헤드린 공회의 살해 위협을 피하려고 결국, 로마 시민권을 이용해 로마 황제 재판을 요구하며 **죄수의 길을 선택**합니다. 그래서 죄수 이송선을 타고 로마에 도착합니다. 바울은 로마 감옥에서 황제 재판을 기다리는 2년 동안 하나님 나라 복음을 전하며 **교회론**인 에베소서, **기독론**인 골로새서와 빌립보서, 빌레몬서를 써 보냅니다. 그리고 2년 만에 잠시 자유의 몸이 된 바울은 또다시 전도 여행을 진행합니다.

그런데 A.D.64년 **로마 대화재 사건**이 발생합니다. 이때 로마 제국은 기독교 복음 1세대 지도자 200여 명을 로마 방화범으로 지목하여 잔인하게 처형합니다. 바울도 죽음이 임박했음을 알고 **믿음의 아들 디모데에게 유언**과 같은 디모데후서를 써 보냅니다. 바로 이때 순교를 눈앞에 둔 복음 1세대들이 복음 2세대들을 위한 **편지**, 히브리서, 베드로전·후서, 유다서를 남깁니다. 이는 **복음 2세대**들이 로마 제국의 박해 속에서 **선한 싸움**을 싸우며 하나님 나라 복음을 땅끝까지 전하도록 격려하기 위함입니다. 그러나 사도 요한은 복음 1세대로, 로마 대화재 이후 30여 년 동안 더 살아남아 로마 제국의 박해 가운데 있는 복음 2세대들을 돌보는 일을 감당합니다. 이때 요한일·이·삼서를 기록하여 권면하면서 **'하나님은 사랑'**이라고 **선언**합니다. 그리고 사도 요한은 복음 2세대가 이끄는 소아시아 일곱 교회에 하나님과 어린양의 보좌, **새 하늘과 새 땅**을 소개하며 주님 속히 다시 오시리라는 예수님의 간절한 **재림 약속**을 전하며 계시록 이야기를 끝냅니다.

성경을 열면 기적이 열립니다.
하나님의 말씀, 성경으로 **우리는** 21세기 **신앙 부흥** 운동을 곱셈하며
**교회 부흥** 운동을 곱셈할 것입니다. 아멘